BESTACTIVITYBOOKS.COM

PREMIERE ÉDITION

Dépôt légal, 2022

Illustration Graphique Extra: www.freepik.com
Merci à Alekksall, Starline, Pch.vector, Rawpixel.com, Vectorpocket, Dgim-studio, Upklyak, Macrovector, Stockgiu, Pikisuperstar & Freepik.com Designers

5 ASTUCES POUR DÉMARRER !

1) COMMENT RÉSOUDRE LES MOTS MÊLÉS

Les puzzles sont dans un format classique :

- Les mots sont cachés sans espaces, tirets, ...
- Orientation : Les mots peuvent être écrits en avant, en arrière, vers le haut, vers le bas ou en diagonale (ils peuvent être inversés).
- Les mots peuvent se chevaucher ou se croiser.

2) UN APPRENTISSAGE ACTIF

Un espace est prévu à côté de chaque mots pour noter la traduction. Pour favoriser un apprentissage actif un **DICTIONNAIRE** à la fin de cette édition vous permettra de vérifier et étendre vos connaissances. Cherchez et notez les traductions, trouvez-les dans le Puzzle et ajoutez-les à votre vocabulaire !

3) MARQUEZ LES MOTS

Vous pouvez inventer votre propre système de marquage. Peut-être en utilisez-vous déjà un ? Sinon, vous pourriez, par exemple, marquer les mots qui ont été difficiles à trouver d'une croix, ceux que vous avez aimés d'une étoile, les mots nouveaux d'un triangle, les mots rares d'un diamant, etc...

4) STRUCTUREZ VOTRE APPRENTISSAGE

Cette édition vous offre un **CARNET DE NOTES** très pratique à la fin du livre. En vacances ou en voyage ou à la maison, vous pouvez facilement organiser vos nouvelles connaissances sans avoir besoin d'un second bloc-notes !

5) VOUS AVEZ FINI TOUTES LES GRILLES ?

Allez à la section bonus **CHALLENGE FINAL** pour trouver un jeu gratuit à la fin de cette édition !

Simple et Rapide ! Découvrez notre collection de livres d'activités pour votre prochain moment de détente et **d'apprentissage**, à juste un clic de distance !

Trouvez votre prochain défi sur :

BestActivityBooks.com/MonProchainLivre

À vos marques, prêts... Partez !

Saviez-vous qu'il existe environ 7 000 langues différentes dans le monde ? Les mots sont précieux.

Nous aimons les langues et avons travaillé dur pour créer les livres de la plus haute qualité pour vous. Nos ingrédients ?

Une sélection des thématiques d'apprentissage adaptée, trois belles parts de divertissement, puis nous ajoutons une cuillère de mots difficiles et une pincée de mots rares. Nous les servons avec soin et un maximum de plaisir pour vous permettre de résoudre les meilleurs jeux de mots mêlés qui soient et d'apprendre en vous amusant !

Votre avis est essentiel. Vous pouvez participer activement au succès de ce livre en nous laissant un commentaire. Nous aimerions vraiment savoir ce que vous avez préféré dans cette édition !

Voici un lien rapide qui vous mènera à la page d'évaluation de vos commandes :

BestBooksActivity.com/Avis50

Merci pour votre aide et amusez-vous bien !

De la part de toute l'équipe

1 - Adjectifs #2

ر	ت	ژ	پ	پ	و	ج	ج	ق	پ	ص	ق	ق	ا
غ	م	و	ئ	ط	ح	ژ	آ	و	ت	ش	ک	د	گ
ک	ل	و	ص	د	ش	آ	ک	ج	ل	ذ	غ	د	ذ
ش	و	ر	ل	ی	ی	ا	ق	ا	ل	خ	ع	ع	ک
خ	ت	و	ا	د	ف	ب	ق	د	ث	ل	خ	گ	ع
ب	ژ	ر	خ	ج	ی	ی	و	ژ	ر	ح	و	ت	چ
ا	م	غ	پ	ح	ن	ز	ی	م	ش	ت	م	ف	ژ
ا	ع	م	ج	م	م	ش	ه	و	ر	س	م	ی	غ
س	ت	ل	د	س	ث	س	و	ئ	ف	ه	ح	ن	ع
ت	ب	ا	ز	ئ	خ	ش	ی	ژ	ج	ب	ئ	ض	د
ع	ر	س	غ	و	ن	گ	ع	ر	س	ل	ی	ف	آ
د	ئ	ئ	ن	ل	م	ا	ی	ش	ی	ا	م	ن	ظ
ا	ف	پ	ز	ض	غ	پ	ب	س	آ	ج	س	ن	ژ
د	ث	ز	ذ	م	ج	ض	ط	ج	س	ح	خ	ط	ش

معتبر
مشهور
خلاق
توصیفی
با استعداد
نمایشی
زیبا
مغرور
قوی
جالب هست

طبیعی
جدید
مولد
قدرتمند
خالص
مسئول
سالم
شور
وحشی
خشک

2 - Formes

د	س	گ	ش	م	ش	ف	و	ب	ل	ص	ط	ف	ر
ص	و	ي	چ	ن	ه	ط	ز	ا	ى	ن	ح	ن	م
ک	م	ا	ن	ش	م	ذ	ا	ت	ع	ض	ط	گ	ي
ع	گ	د	ع	و	ث	م	ل	خ	ش	ر	ى	و	م
ض	ص	ا	پ	ر	ل	ذ	ى	و	پ	ک	گ	ش	ک
ش	ي	ى	ب	م	ث	ر	ط	ک	ل	ب	ر	ه	ع
م	ت	ر	ک	ر	گ	و	ت	ظ	ط	ى	ف	ص	ب
و	ر	ه	و	ن	ث	س	س	د	ظ	ع	ب	ر	م
س	ر	ت	ي	ت	ژ	آ	م	م	خ	ل	ق	چ	ى
و	ى	ي	ذ	و	ب	خ	ل	خ	ئ	ض	ف	گ	ن
ح	ف	ل	ک	ر	ه	ج	م	ر	پ	د	ر	گ	ذ
ظ	آ	س	ن	ث	ى	س	ظ	و	غ	ن	ظ	گ	د
ع	پ	ب	ذ	د	ض	م	خ	ط	خ	چ	خ	ک	ا
ه	ر	م	آ	ف	ر	ت	ط	چ	چ	ت	ى	س	ل

کمان
مربع
دایره
گوشه
منحنی
مخروط
سمت
مکعب
سیلندر
بیضی

هذلولی
خط
چند ضلعی
منشور
هرم
مستطیل
گرد
کره
مثلث

3 - Force et Gravité

ح	خ	و	ض	ع	ظ	ع	پ	ث	ت	م	ز	ک	د
خ	و	م	ج	ح	ب	ص	ف	ذ	غ	غ	ي	ل	ي
ت	ا	ق	ی	ک	ق	ا	گ	ن	ف	ژ	م	ح	ظ
ص	ص	پ	ذ	ش	ص	ت	ا	ش	گ	س	ت	ر	ش
ج	ر	و	ئ	ل	ئ	ط	ا	ف	ی	ز	ی	ک	ن
ه	و	ی	ه	ذ	ی	ر	م	ط	م	ک	خ	ت	ظ
ا	ح	ا	ن	س	ا	ن	م	د	ا	ر	ژ	ع	ب
ن	م	ک	ا	ن	ی	ک	ل	ط	ق	م	گ	ر	ر
ی	د	ص	چ	ش	و	ا	ي	ع	ي	خ	ز	س	ک
ت	ق	ب	ص	ا	خ	ک	ز	ح	پ	و	ق	س	ج
د	خ	ف	ش	ک	ت	ط	و	ح	ژ	ر	ف	ث	آ
پ	ض	ض	ش	ل	ئ	ص	ز	ض	ژ	ش	چ	ق	ز
ز	ض	ش	ئ	ز	م	ا	ن	ا	ت	ر	ا	ی	س
خ	م	ژ	ا	م	غ	ع	آ	خ	ذ	ح	ظ	و	ف

محور
مرکز
کشف
فاصله
پویا
گسترش
اصطکاک
مغناطیس
مکانیک
حرکت

مدار
فیزیک
سیارات
وزن
فشار
خواص
زمان
جهانی
سرعت

4 - Adjectifs #1

چ	غ	آ	ت	ب	ا	ذ	ج	ذ	ش	ج	س	ض	ص
ه	ش	ط	ر	ی	ی	ک	ا	م	ل	ا	م	ه	م
ص	ن	پ	ر	ر	س	گ	ر	ز	ب	ه	ی	س	م
ا	ی	ر	غ	غ	خ	ص	ن	د	س	ط	و	ط	ن
د	گ	ت	ی	و	ا	ک	ز	ا	ن	ل	س	ئ	ت
ق	ن	ط	ض	ب	و	م	ف	ق	ه	ب	ک	ن	د
ل	س	چ	و	ی	ت	ن	د	م	ع	ط	ر	ح	ن
ط	ف	ق	ل	ج	م	ئ	ک	ر	و	س	و	ق	م
م	ن	چ	س	ع	ن	د	گ	ح	ن	ج	و	ا	ن
ز	ی	ب	ا	خ	د	ی	س	ح	د	ث	س	آ	ت
ا	غ	و	ن	ب	ا	ذ	ا	ر	ع	ک	ل	ن	و
ی	ث	د	خ	آ	ن	ی	ک	س	ا	ن	ی	و	ن
د	ص	آ	خ	م	ه	ق	ي	ث	ئ	ف	ی	ر	خ
ی	ف	ط	گ	ي	ف	ع	ا	ل	غ	م	غ	ن	پ

صادق
یکسان
مهم
بی گناه
جوان
کند
سنگین
نازک
مدرن
کامل

مطلق
فعال
جاه طلب
معطر
هنری
جذاب
زیبا
عجیب و غریب
بزرگ
سخاوتمندانه

5 - Herboristerie

ج	ت	ا	ع	ز	ر	ذ	ر	ج	ف	ف	ن	ث	ل
ع	پ	ب	ل	ط	ق	ی	م	ب	ش	ث	گ	د	گ
ف	و	آ	ح	ک	م	ن	ح	ي	ک	پ	س	ح	ک
ر	ط	ع	م	م	ف	س	ع	ا	آ	ذ	ش	ر	ئ
ی	ب	ک	ن	ش	ی	و	آ	ن	ن	و	ب	گ	ج
ک	ی	ف	ی	ت	د	د	آ	غ	ا	ب	س	ی	ر
ز	ع	ف	ر	ا	ن	و	خ	ر	ت	ع	ل	ش	ر
ط	ع	م	س	ک	ژ	خ	م	ز	ض	ب	ض	ذ	ا
آ	ي	ي	و	ق	گ	و	ج	ر	ا	ض	ف	ج	ز
آ	ش	پ	ز	ی	ل	ط	ز	س	ج	ع	پ	ص	ی
ل	ئ	ئ	ب	ج	ل	س	ء	ظ	ط	ا	ژ	ث	ا
ژ	ث	خ	س	و	ش	ا	ث	س	ض	ي	ن	خ	ن
ر	ا	ژ	ذ	ص	ن	ع	ل	آ	ب	خ	گ	خ	ه
ض	م	پ	س	ع	ر	ز	م	ا	ر	ی	چ	آ	خ

سير
معطر
ريحان
مفيد
آشپزی
ترخون
رازيانه
گل
جزء
باغ

اسطوخودوس
مرجان
نعناع
جعفری
کيفيت
رزماری
زعفران
طعم
آويشن
سبز

6 - Véhicules

ت	ج	ح	آ	م	ب	و	ل	ا	ن	س	خ	م	م
ا	ا	ح	ت	ج	س	ع	و	ن	ه	ق	ژ	ژ	ت
س	د	ک	ک	ا	ر	و	ا	ن	و	ش	ا	ا	ر
ک	و	گ	س	ر	ا	و	ژ	ی	ا	ا	گ	ی	و
و	چ	ح	ب	ی	ط	ر	ف	ش	پ	ت	غ	ر	ق
ت	ر	ج	ض	ژ	ق	و	ث	ا	ی	ل	ع	ز	ط
ر	خ	ف	م	ر	و	ت	و	م	م	ر	خ	غ	ا
ث	ه	ن	ث	ت	ذ	ک	ل	س	ا	ط	ض	د	ا
ش	آ	گ	ش	پ	ل	ا	س	ت	ی	ک	ج	ژ	ت
ک	ا	م	ی	و	ن	ر	غ	آ	ط	ج	پ	س	و
و	ش	ي	ر	ک	م	ت	ج	ن	ز	ظ	ن	آ	ب
و	ص	و	ف	ی	ی	ا	ی	ر	د	ر	ی	ز	و
ط	ن	ش	م	ل	ج	گ	ل	ر	ذ	ح	غ	م	س
م	م	خ	د	ه	چ	ض	ب	ز	ج	ع	گ	ط	ص

آمبولانس
هواپیما
اتوبوس
کامیون
کاروان
فری
موشک
هلیکوپتر
مترو
موتور

شاتل
لاستیک
قایق
اسکوتر
زیردریایی
تاکسی
تراکتور
قطار
دوچرخه
ماشین

7 - Camping

ظ	ق	ف	خ	ژ	پ	ق	ت	ا	ز	ی	ه	ج	ت
ف	ح	ط	م	ع	ط	ژ	ا	ز	ث	س	چ	ئ	ب
ذ	ذ	ن	ب	ج	ز	ل	ن	ی	ب	ا	ک	پ	ب
خ	و	ق	ژ	ن	ت	پ	ا	ت	ق	م	پ	ک	ض
ث	د	ش	م	ت	م	ب	و	آ	ش	ر	ا	ک	ش
ق	ط	ه	ا	م	د	ا	ی	ج	ج	ک	ا	ث	ظ
ر	خ	و	غ	ئ	ح	غ	ح	آ	ط	ل	گ	ن	ج
ک	پ	ک	خ	ا	ج	ف	ا	ن	و	س	ي	ئ	ی
د	ر	ی	ا	چ	ه	ز	خ	گ	ت	س	ب	ج	آ
چ	گ	ت	ط	م	ا	ج	ر	ا	ج	و	ی	ی	ت
ا	ژ	ع	ب	ا	ن	ط	و	ا	س	ظ	ض	ع	ش
د	ر	ي	ی	ح	ش	ر	ه	ن	س	ئ	ب	خ	ر
ر	د	ن	ع	ن	ذ	ف	ژ	ظ	ا	ذ	ث	ب	ئ
ژ	ي	گ	ت	ک	ل	ا	ه	ع	ج	ب	س	ط	ص

حیوانات
ماجراجویی
قطب نما
کابین
قایق رانی
نقشه
کلاه
شکار
طناب
تجهیزات

آتش
جنگل
بانوج
حشره
دریاچه
فانوس
ماه
کوه
طبیعت
چادر

8 - Écologie

ر	ظ	ظ	ي	ئ	ف	ق	گ	ل	چ	ش	ژ	پ	ن
چ	ف	ج	ج	ط	د	خ	ت	ض	ث	آ	م	ط	ظ
م	ژ	و	ا	پ	آ	ی	ج	ع	غ	ذ	خ	چ	خ
غ	ض	ا	ظ	خ	د	ز	ج	ا	ق	ل	ی	م	پ
ز	ع	م	ع	ب	ص	ص	ل	ه	ک	خ	ض	خ	ط
آ	ی	ع	و	غ	ق	ظ	گ	ل	ا	آ	ی	ش	ب
م	ع	س	ن	پ	ص	ا	ی	م	ف	ن	ذ	ک	ی
چ	ی	ح	ت	ش	م	س	ا	ا	س	ا	ی	س	ع
ي	ب	ئ	ط	گ	ی	س	ه	ر	ف	ب	ی	ا	ت
گ	ط	ن	آ	ب	ا	ط	ا	ش	ض	ل	ا	ل	غ
م	ن	ا	ب	ع	ث	ه	ن	ع	ف	ط	ی	ی	ف
پ	ا	ی	د	ا	ر	گ	چ	ز	آ	و	ر	و	ل
ج	ا	ن	و	ر	ا	ن	ث	ح	ب	ا	د	گ	و
د	ح	ف	ی	ه	ا	ی	گ	ی	گ	د	ن	ز	ر

داوطلبان
اقلیم
جوامع
تنوع
پایدار
جانوران
فلور
جهانی
زیستگاه

مارش
دریایی
طبیعت
طبیعی
گیاهان
منابع
خشکسالی
بقا
زندگی گیاهی

9 - Géométrie

و	ث	خ	ه	ن	ا	ی	م	د	م	ی	ز	ی	آ
د	ک	ص	ش	ر	س	ه	خ	ب	چ	ن	ض	ذ	غ
ی	ئ	س	ی	ا	ذ	ب	ل	خ	و	ح	ط	س	ق
ی	ل	ع	غ	ق	د	س	ت	ش	ي	ن	ض	ق	غ
ص	د	خ	س	ت	پ	ا	ز	ت	آ	م	غ	ث	ن
ب	ع	د	ن	غ	ص	ح	خ	م	ع	ا	د	ل	ه
م	ج	ا	ا	ر	ا	م	د	ط	م	ع	ک	ث	ر
ر	ر	ق	ف	د	م	ه	گ	د	ا	م	ت	م	ا
ف	م	پ	غ	ت	ه	ی	ر	ظ	ن	و	ع	ن	م
ب	ت	س	ن	ج	ر	و	ط	خ	ش	د	و	ر	ش
ض	ع	ا	د	ئ	ی	ا	ق	ي	ک	ی	س	ز	ل
س	ک	ع	پ	ژ	ا	ز	ع	م	ط	ذ	ر	ن	ف
ث	س	ص	ط	ژ	د	ف	ح	م	و	ا	ز	ی	ظ
ع	ش	ش	ف	ش	ص	ت	ئ	و	ل	ث	ذ	آ	ق

زاویه
محاسبه
دایره
منحنی
قطر
بعد
معادله
ارتفاع
منطق
جرم

میانه
شماره
موازی
نسبت
بخش
سطح
تقارن
نظریه
مثلث
عمودی

10 - Les Médias

م	ا	ر	ت	ب	ا	ط	ث	ش	ق	ع	ن	ط	ا
ش	ح	ز	چ	خ	س	ا	ی	ک	آ	ک	ظ	ث	ی
ت	ا	ل	ی	ص	ح	ت	ق	س	ژ	س	ر	غ	ن
ذ	ش	ش	ی	ا	ث	ف	ق	د	و	س	آ	ق	ت
ا	چ	ظ	خ	ش	ب	ک	ه	ی	ر	ا	ج	ت	ر
ز	م	ع	س	ص	ت	ر	ت	ج	ا	د	خ	ع	ن
م	ج	ل	ا	ت	ی	ض	ل	ی	ر	ق	ی	ن	ت
ج	ث	ب	ز	و	م	ش	و	ت	د	گ	ح	ص	ط
چ	ظ	ی	ر	س	و	ط	ی	ا	ف	ک	ر	ی	ث
ش	ئ	د	ی	ئ	م	ع	ز	ل	ظ	ن	س	خ	ه
ح	غ	و	و	چ	ع	ت	ی	ر	ظ	ا	ژ	پ	خ
ن	ق	ر	ا	د	ی	و	و	د	ف	غ	ا	ط	ی
ع	ح	ت	ص	ژ	خ	ا	ن	خ	ش	ک	ح	غ	پ
ي	گ	س	ت	ض	ق	ژ	ش	د	م	ش	م	ض	ذ

تجاری
ارتباط
اینترنت
نسخه
تحصیلات
حقایق
تصاویر
شخصی
صنعت
فکری
محلی
مجلات
دیجیتال
نظر
عکس
عمومی
رادیو
شبکه
تلویزیون

11 - Diplomatie

ی	ر	ا	ک	م	ه	س	ر	و	ن	ا	ز	س	ق
ک	م	ش	ع	ج	ف	ی	آ	م	ب	م	و	ر	ک
پ	ع	و	ر	آ	ظ	ا	ئ	ش	ش	ن	ج	ش	ی
ا	ا	ک	س	ا	ظ	س	ژ	ا	ر	ی	ئ	ن	ت
ر	ه	ث	چ	س	ه	ت	ق	و	د	ت	ص	ف	ا
چ	د	ظ	س	ف	ض	ح	ا	ر	و	ل	ض	ت	م
گ	ه	ي	ف	ی	ق	آ	ل	ب	س	ا	ل	ص	ل
ی	ئ	ز	ا	ر	ب	ب	خ	ا	ت	د	چ	ت	پ
ج	ع	ش	ر	پ	پ	ح	ا	ی	ا	ع	ع	د	ی
ر	ز	ظ	ت	د	ح	ث	ي	ح	ن	ئ	پ	ز	د
ا	ش	ش	ي	ق	و	ح	م	ح	ه	ئ	ط	ی	ذ
خ	ا	ش	د	ف	ض	ل	د	ر	گ	ی	ر	ی	ل
خ	ن	چ	ح	ظ	و	ر	ت	ج	ت	چ	ح	ص	س
س	ف	ذ	ئ	م	ش	ه	ر	و	ن	د	ا	ن	و

سفارت
سفیر
شهروندان
انجمن
درگیری
مشاور
همکاری
دیپلماتیک
بحث
اخلاق

خارجی
دولت
بشردوستانه
یکپارچگی
عدالت
سیاست
وضوح
امنیت
راه حل
معاهده

12 - Électricité

ف	ت	ک	و	س	ب	و	ه	م	ژ	ث	ر	ع	ژ
ب	د	ج	د	ح	ر	ا	ک	ق	ر	ب	ر	ا	ن
ک	و	ط	ه	د	ق	خ	ب	ف	ت	ي	ز	ش	ر
ظ	ط	خ	غ	ى	ى	ض	ش	ر	خ	ا	ح	آ	ا
ب	ا	ت	ر	ى	ز	ا	س	ه	ر	ى	خ	ذ	ت
آ	ه	ن	ر	ب	ا	ا	ب	ف	ق	ي	خ	خ	و
ن	و	ى	ز	ى	و	ل	ت	م	پ	گ	ش	ئ	ر
ل	ى	ز	ر	ا	ش	ى	ا	ء	ن	ف	ل	ت	ل
م	ب	ض	ذ	آ	ج	و	ا	ت	خ	ف	ا	م	ا
ق	ب	ا	ر	ق	ب	ث	ص	ت	گ	ظ	ى	ث	م
د	ک	ل	ک	آ	س	ث	ج	و	ت	ل	ح	ب	پ
ا	ط	ف	ح	ئ	س	ج	ط	ت	ف	ا	ث	ت	ح
ر	ک	ف	ف	ن	ر	ع	ز	ب	و	ز	ص	د	ل
ز	ت	ب	ذ	ل	ع	ص	ي	ر	ي	ا	آ	ز	ل

آهن ربا
باتری
کابل
برقکار
برقی
تجهیزات
ژنراتور
لامپ
لیزر
منفی
اشیاء
مثبت
سوکت
مقدار
شبکه
ذخیره سازی
تلفن
تلویزیون

13 - Astronomie

خ	ش	ک	ر	ا	ی	س	س	ط	ب	گ	آ	ئ	ت
ف	و	ز	س	ج	ي	ر	ت	ذ	ي	و	ز	ب	ض
ض	ص	ر	ژ	و	ا	آ	ا	ي	ج	ش	ت	ژ	ب
ا	و	ت	ش	خ	ف	ز	ر	گ	ی	ئ	ف	خ	ر
ن	ر	خ	ب	ی	ث	ث	ه	ن	ا	خ	د	ص	ر
و	ت	ا	ا	ئ	د	ت	ش	ئ	م	ش	ص	ب	ئ
ر	ف	و	ت	ر	ئ	ی	ن	ا	ه	ی	ک	ق	م
د	ل	ن	ی	م	ز	ف	ا	س	ح	ا	ب	ی	ل
ش	ک	ر	ث	آ	ج	ی	س	ی	ب	ي	ی	س	ر
ه	ی	ب	پ	ک	س	ک	ه	ک	ش	ا	ن	ذ	م
ا	ز	ا	ا	ر	ي	م	ر	م	و	ش	ک	ش	ش
ب	غ	ج	ذ	م	ع	ض	ا	ا	ع	ت	د	ا	ل
ی	غ	ت	ط	ا	ظ	ا	ی	ن	ج	ه	ا	ن	ف
ق	ب	ک	ی	ه	م	چ	س	غ	ئ	ف	ئ	غ	ظ

ماه
شهاب
سحابی
رصدخانه
سیاره
تابش
خورشیدی
ابرنواختر
زمین
جهان

سیارک
فضانورد
ستاره شناس
آسمان
صورت فلکی
کیهان
کسوف
اعتدال
موشک
کهکشان

14 - Physique

ا	چ	ذ	ی	ز	خ	د	ط	ئ	ز	ض	ج	خ	ذ
ش	ل	و	ا	ز	ث	ص	ظ	ز	ک	ص	ظ	ذ	ت
ی	ر	ک	ه	گ	ا	ز	ص	ذ	ح	ئ	ص	آ	س
م	د	ی	ت	م	و	ل	ک	و	ل	ف	ج	ش	ر
ی	و	ن	س	ر	ژ	ش	ت	ا	ب	م	ر	و	ع
ا	ژ	ا	ه	و	و	ن	م	ا	ت	م	م	ب	ت
ی	ر	ک	ب	ت	ش	ن	س	ی	ط	ا	ن	غ	م
ی	ط	م	ذ	و	ک	ب	ف	ب	ا	ئ	و	پ	ک
ف	ظ	چ	ا	م	ذ	ظ	آ	ص	ی	ف	ط	پ	ا
ه	ر	ذ	ج	م	ب	ت	ن	ط	ث	ت	ث	ل	ر
ص	ش	م	ج	ه	ا	ن	ی	ی	ط	س	ش	ح	ت
ف	م	ح	و	ف	ژ	ظ	و	گ	ح	ت	ض	ئ	ک
و	خ	ش	و	ل	ت	ث	خ	آ	م	گ	ف	ک	ب
ژ	خ	ن	ق	ز	ف	ر	ک	ا	ن	س	ب	ن	چ

شتاب
اتم
آشوب
شیمیایی
تراکم
الکترون
فرمول
فرکانس
گاز
جاذبه
مغناطیس
جرم
مکانیک
مولکول
موتور
هسته ای
ذره
نسبیت
جهانی
سرعت

15 - Types de Cheveux

م	ث	ب	ا	ف	ت	ه	ع	ر	ر	ح	ر	ب	د
ف	ت	ب	ظ	ض	ج	پ	ئ	ش	ب	ش	خ	ي	خ
ى	ر	ت	س	ک	ا	خ	ز	ر	ص	ژ	ش	ش	س
ل	ج	ف	ق	و	ي	ز	ت	ن	ى	ظ	ک	ب	ب
ط	آ	ز	ر	خ	س	غ	ف	گ	ى	ب	ز	ر	و
ر	ى	ح	ض	ى	ى	ق	خ	ى	ض	ى	ا	غ	ر
ف	ا	چ	آ	س	ا	ش	ل	ط	ف	ج	ن	خ	آ
ر	ن	ر	م	ف	ه	ط	ا	س	ک	و	ت	ا	ه
ف	ض	و	ل	ى	ر	ب	م	ث	ج	م	خ	ظ	ط
ل	چ	ث	ا	د	ق	ژ	ل	د	خ	ر	ژ	و	م
ک	گ	ظ	س	ر	ن	ث	چ	ن	ى	ب	ث	ا	ض
پ	ا	چ	ج	ي	ب	ز	ف	ظ	د	ر	ث	گ	خ
پ	ص	آ	ق	ي	ل	ر	ح	ض	ج	ا	ذ	م	ى
س	ذ	غ	ز	ظ	ص	ژ	ف	ژ	ا	ق	ث	غ	م

نقره
سفید
بور
فر
براق
طاس
رنگی
کوتاه
نرم
ضخیم

فرفری
خاکستری
بلند
براون
نازک
سیاه
موجی
سالم
خشک
بافته

16 - Archéologie

ک	م	ب	ء	ش	ث	گ	ق	ق	ح	م	ژ	و	م
خ	ا	آ	ا	ت	ح	ل	ی	ل	ت	ا	ع	ط	ق
ب	ع	ن	ی	س	گ	ئ	ص	ي	ظ	ش	ف	ب	ا
ش	ض	د	ش	ا	ت	ز	د	ي	ف	ق	س	م	د
ه	ت	خ	ا	ن	ش	ا	ن	د	م	ت	ی	ظ	ص
ن	ل	گ	گ	ش	ت	ر	ن	ص	ژ	ع	ل	ج	ئ
ث	غ	ع	غ	ر	ق	و	ت	ا	ط	غ	ی	ب	گ
ق	غ	ت	ح	ا	ت	ز	ب	ش	و	ص	ت	و	ر
چ	ل	ی	ف	ک	چ	م	ذ	د	د	خ	ر	آ	ث
ی	ب	ق	ب	چ	ک	ر	آ	و	ل	ع	ت	ن	ث
پ	ک	ه	م	ق	ب	ر	ه	ر	ب	ث	چ	س	س
ا	س	ت	ا	د	ت	ی	م	ا	ئ	ز	ي	ظ	ا
ا	ر	ز	ی	ا	ب	ی	خ	ن	ح	پ	ر	خ	آ
ح	ث	ن	س	ل	ف	ر	ا	م	و	ش	ش	د	ه

قطعات
ناشناخته
رمز و راز
اشیاء
استخوان
فراموش شده
استاد
عتیقه
معبد
مقبره

تحلیل
باستان
محقق
تمدن
نسل
کارشناس
دوران
تیم
ارزیابی
فسیلی

17 - Mammifères

ش	ث	ج	ض	پ	ا	س	ب	ق	خ	ک	گ	ا	ئ
ژ	ی	غ	ش	چ	ف	گ	و	ر	ی	ل	و	ظ	گ
گ	ر	ب	ه	ع	ط	ب	ذ	ی	ت	چ	ر	ث	د
غ	د	ن	ف	س	و	گ	م	ش	ض	ش	خ	ا	و
پ	ص	خ	ا	ظ	ص	ط	ت	ا	چ	م	ر	ل	ج
ظ	غ	ث	ر	س	گ	پ	ا	آ	س	ر	خ	ن	ی
ض	و	پ	ز	ک	ت	ک	ل	ت	ر	ب	ع	ژ	ق
ر	ب	ح	س	ا	ئ	ت	چ	ا	ج	ب	ع	ی	ی
غ	ص	ف	ر	ف	ر	ف	ت	ب	ب	غ	ق	پ	ت
ش	ف	ف	پ	ب	آ	م	ک	ا	ن	گ	و	ر	و
و	ص	ل	ث	ط	آ	ت	ف	ک	ی	و	ل	ل	ی
گ	ن	ه	ن	ت	ذ	ذ	ا	خ	ف	د	م	خ	ا
ر	ر	ن	و	ا	گ	ح	ت	ط	ل	ی	ف	ی	ک
خ	ظ	گ	ر	چ	د	ي	ظ	ف	د	غ	س	ئ	م

نهنگ
گربه
اسب
سگ
کایوت
دلفین
فیل
زرافه
گوریل
کانگورو
خرگوش
شیر
گرگ
گوسفند
خرس
فاکس
میمون
گاو نر
ببر
گورخر

18 - Chocolat

چ	م	ک	ص	ی	ن	ی	م	ز	م	ا	د	ا	ب
ح	و	ا	ث	ب	ب	ی	ر	غ	و	ب	ی	ج	ع
چ	ر	ک	ح	ل	س	ط	ص	ف	غ	ف	ض	ذ	آ
د	د	ا	ن	ا	د	ی	س	ک	ا	ی	ت	ن	آ
ظ	ع	ئ	ي	پ	ت	م	ک	ا	ر	ا	م	ل	چ
ن	ل	و	ا	و	ص	ئ	پ	چ	ب	ز	ن	ح	و
ف	ا	ص	ئ	د	ز	ن	ش	ن	و	ب	د	ن	ق
ي	ق	ن	ل	ر	م	ت	ب	ذ	ق	خ	ژ	ي	ئ
ج	ه	ع	چ	ل	ع	آ	د	د	پ	آ	آ	ض	ع
ز	ت	ت	ت	ط	ط	و	خ	ط	ن	ک	م	ب	ک
ء	ز	گ	ر	ز	ک	ا	ل	ر	ی	ط	ن	ی	ژ
ی	ل	ر	ی	ل	ع	م	ت	ف	ر	ر	ئ	غ	ص
س	ذ	ی	ع	ک	ي	ص	ی	ل	ی	گ	ر	ا	ن
ه	ز	م	ش	و	خ	ت	گ	ص	ش	ب	ت	ع	ف

تلخ
آنتی اکسیدان
عطر
صنعتگری
آب نبات
بادام زمینی
کاکائو
کالری
کارامل
خوشمزه

شیرین
عجیب و غریب
مورد علاقه
طعم
جزء
نارگیل
پودر
کیفیت
قند

19 - Mathématiques

ز	ه	ط	ض	ج	غ	ث	ئ	پ	ث	ا	ش	پ	ض
ا	ث	ل	ث	م	ی	گ	ب	چ	ئ	ت	ج	پ	ض
و	د	ل	د	ع	ب	ر	م	ا	ف	ث	ر	ج	ا
ی	ش	ی	ر	ا	ش	ع	ا	ج	ث	د	ت	ق	ذ
ه	ظ	ط	و	ع	ع	م	و	د	ک	ک	د	و	ش
ک	ث	ت	د	ش	ز	م	ض	ژ	ر	ق	س	گ	ج
س	ث	س	ر	م	و	ا	ز	ی	ه	ل	ض	ژ	ظ
ر	ط	م	ح	خ	ه	ن	د	س	ه	ب	ض	و	ج
چ	ن	د	ض	ل	ع	ی	م	ت	ق	ا	ر	ن	م
ک	ص	د	ش	ض	خ	خ	ج	ح	خ	س	خ	د	و
ع	ن	گ	و	ی	ق	غ	ج	ع	ی	ح	ف	ل	م
ز	ت	ن	ز	س	ط	خ	چ	ل	س	ط	ئ	ي	ر
ح	ل	ص	م	گ	ر	ج	ذ	ش	ث	ن	ذ	خ	ن
چ	غ	ق	ک	ا	غ	گ	ژ	و	ک	ل	ک	ژ	ق

زاویه
حساب
مربع
دور
اعشاری
قطر
نما
معادله
کسر
هندسه

موازی
عمود
محیط
چند ضلعی
شعاع
مستطیل
جمع
کره
تقارن
مثلث

20 - Sport

م	د	ن	ق	و	ر	ز	ش	ع	ک	چ	ا	ا	ر
ح	ر	م	س	ص	ژ	ع	س	ئ	ل	ص	س	س	ژ
د	ک	ب	د	ژ	م	ژ	ل	ف	د	ب	ت	ت	ی
ا	ش	ع	ی	ی	ا	ن	ا	و	ت	د	خ	ق	م
ک	ش	ی	پ	ر	آ	ن	م	ض	ج	ن	و	ا	غ
ث	ط	ک	ق	ل	ص	ک	ت	ر	غ	ط	ا	م	ذ
ر	ذ	ع	ز	چ	چ	ی	ی	خ	ن	ص	ن	ت	ا
ک	ب	ض	ب	ف	ظ	ل	ف	ا	ش	ک	ق	پ	ی
ر	ر	ل	ض	ق	ن	و	ر	ز	ش	ک	ا	ر	ی
د	ن	ا	ذ	د	گ	ب	ا	س	ت	ح	ک	ا	م
ن	ا	ت	ف	ا	گ	ا	ف	چ	ا	ش	و	ک	ب
ي	م	ب	ط	ض	ذ	ت	د	و	ی	د	ن	پ	خ
ع	ه	ی	ذ	غ	ت	م	ه	ل	آ	ح	ج	پ	غ
د	و	چ	ر	خ	ه	س	و	ا	ر	ی	آ	م	م

ورزشکار
توانایی
بدن
دوچرخه سواری
رقص
رژیم غذایی
استقامت
مربی
کشش
استحکام

دویدن
حداکثر کردن
متابولیک
عضلات
تغذیه
هدف
استخوان
برنامه
سلامتی
ورزش

21 - Mythologie

ذ	ن	ی	ذ	ز	خ	ذ	ک	ا	م	م	ق	خ	ح
گ	ظ	ص	ج	و	ا	د	ی	ی	و	د	ا	ج	س
ظ	آ	ي	ن	ع	ل	د	ح	ظ	ج	ف	م	ق	ا
ف	ز	ز	ب	ل	ظ	ض	خ	گ	و	ف	ا	گ	د
ا	ه	س	ج	ط	چ	ز	غ	و	د	آ	ک	ن	ت
ج	ز	ط	ن	ق	ر	ب	و	د	ع	ر	ح	ه	ی
ع	ا	و	گ	ه	ض	ن	ک	ن	ی	ف	ت	ر	ل
ه	ر	ش	ج	ر	ب	خ	ف	ه	ن	ا	س	ف	ا
ل	ت	غ	و	م	د	ا	ج	ی	ا	ل	ا	ل	ر
چ	و	ض	آ	ا	غ	ن	و	آ	ي	و	ش	ب	ف
م	ا	ق	ت	ن	ا	ي	ت	ر	آ	ی	س	و	ت
ط	خ	ژ	م	د	خ	گ	ر	ض	ه	ه	ي	غ	ا
ن	ج	ا	و	د	ا	ن	گ	ی	پ	ا	ر	ق	ر
ک	ه	ن	ا	ل	گ	و	ف	م	ت	ذ	م	ق	پ

قهرمان
جاودانگی
حسادت
هزارتو
افسانه
جادویی
هیولا
فانی
تندر
انتقام

کهن الگو
فاجعه
رفتار
ایجاد
موجود
باورها
فرهنگ
رعد و برق
استحکام
جنگجو

22 - Restaurant #2

پ	ز	ف	ش	ح	س	م	گ	ق	ی	ق	ح	گ	خ
ح	پ	چ	گ	س	ب	ل	ا	گ	ن	چ	ن	خ	ذ
چ	ض	م	ف	ض	ز	ر	ر	گ	د	ث	ا	ی	ث
ظ	ج	م	و	و	ی	آ	س	ژ	ی	ا	ه	ل	ر
آ	ع	ف	ژ	ط	ج	ط	و	ف	ش	ا	ا	ر	ب
س	ل	گ	آ	ا	ا	د	ن	ق	و	ی	ر	و	ظ
و	پ	ذ	ذ	د	ت	ا	ن	ح	ن	ا	ب	ذ	ت
پ	ل	ی	م	و	غ	ل	ث	پ	ص	پ	س	آ	ژ
ی	خ	ئ	ض	ی	ه	ا	م	ن	ن	ن	ا	ب	س
پ	ج	ذ	چ	ه	ز	س	ژ	ن	ح	د	د	ث	ژ
ق	ا	ش	ق	ذ	و	غ	ر	م	م	خ	ت	ل	ص
ق	ا	ي	ي	غ	ن	ی	و	ک	ا	ذ	ئ	ض	ی
خ	و	ش	م	ز	ه	ض	م	ی	ز	ش	ض	ا	ر
غ	ن	ط	ز	ي	ش	گ	ع	ک	ت	د	ش	ی	پ

نوشیدنی
صندلی
قاشق
ناهار
خوشمزه
شام
آب
ادویه
چنگال
میوه
کیک
یخ
سبزیجات
تخم مرغ
ماهی
سالاد
نمک
گارسون
سوپ

23 - Couleurs

ع	ب	ز	ز	م	ک	ج	ق	ل	ف	ا	س	ق	م
ق	غ	ر	م	ر	ا	ی	ز	ث	ژ	ک	ی	س	ژ
ق	ض	چ	ر	پ	د	پ	ر	آ	ي	ث	ا	ب	س
گ	ه	ئ	ق	د	ی	ح	ش	ت	ب	ف	ه	ز	ا
خ	ل	و	ذ	ع	ف	ذ	ک	ن	ش	ی	ل	ی	ن
ا	ن	ژ	ه	ز	س	ب	ی	د	ر	و	ج	ا	ل
گ	ق	ت	م	ا	ط	ر	ژ	ا	ط	غ	ک	ش	ن
ي	م	ذ	ل	ظ	ی	ا	ی	ی	ذ	ذ	ا	ق	ب
خ	ب	ژ	ي	ق	ي	و	ن	ن	ژ	گ	ح	ش	گ
ط	ج	غ	ت	ی	ج	ن	ر	ا	ن	ل	ل	ب	خ
ص	و	ر	ت	ی	ص	ق	چ	و	ا	ض	آ	ظ	ف
ت	ح	ي	ج	پ	ق	ئ	ي	غ	ب	پ	ن	ث	ظ
ف	ی	ر	و	ز	ه	ا	ی	ر	ظ	م	ص	ف	ي
خ	ا	ک	س	ت	ر	ی	م	ا	ب	ن	ف	ش	ش

لاجوردی
بژ
سفید
آبی
زرشکی
فیروزه ای
خاکستری
نیلی
زرد

ارغوانی
براون
سیاه
نارنجی
صورتی
قرمز
قهوه ای
سبز
بنفش

24 - Beauté

آ	ا	و	آ	آ	گ	م	خ	ز	غ	ج	ص	ی	ی
خ	ر	ط	ع	ی	ف	ر	ح	گ	ط	ا	ا	و	س
ش	ف	ا	و	ن	ت	ک	ی	ص	آ	ی	ف	ق	ث
ث	آ	ئ	ی	ه	و	ح	ش	س	و	د	ي	ی	گ
ب	ئ	ژ	ر	ش	ژ	و	ض	ف	ب	ل	ظ	چ	ت
خ	ر	ن	ن	ج	ن	و	س	ف	ا	ح	ا	ی	ئ
ا	ش	ژ	گ	ئ	ی	خ	د	م	ا	ت	ل	ت	ن
ژ	ا	د	ظ	ح	ک	ب	س	غ	ط	ل	ض	ض	چ
ژ	م	ل	خ	ض	ز	ی	ب	ا	ج	ظ	ص	ت	پ
غ	پ	ئ	ح	ص	ز	ر	ئ	ر	ک	ئ	ظ	ض	ط
س	و	ر	و	غ	ن	خ	ص	ا	ع	ت	ع	ا	چ
ج	ر	ژ	ل	ب	ظ	ر	ا	ف	ت	س	و	پ	ي
ن	ح	پ	ش	ظ	ی	ع	ذ	ح	ج	و	ص	ی	ع
ل	و	ا	ز	م	آ	ر	ا	ی	ش	ی	گ	د	خ

آرایش
آینه
عطر
پوست
فتوژنیک
محصولات
رژ لب
خدمات
شامپو
سبک

فر
افسون
قیچی
لوازم آرایشی
رنگ
ظرافت
زیبا
گریس
روغن
صاف

25 - Avions

ب	ا	د	ک	ر	د	ن	ا	ب	ل	خ	خ	ت	ت
ن	ل	ه	ک	ن	ک	د	ا	ب	ر	ر	د	ب	ا
ن	چ	و	ت	م	و	ف	ج	ر	و	ق	م	ا	ر
س	ی	ا	چ	ل	س	ض	ک	ج	ت	ث	ه	ر	ی
ب	گ	و	ا	ب	ا	ا	ژ	ي	و	ف	ث	د	خ
غ	ق	ي	ت	ز	ط	ط	ف	ا	م	ص	ا	ذ	آ
ت	ئ	ئ	م	د	ج	ب	م	ر	ل	ف	چ	ع	س
ا	پ	خ	س	م	ا	ج	ر	ا	ج	و	ی	ی	م
ذ	ي	ت	ف	ش	ت	چ	س	ز	ب	ج	ه	ت	ا
ع	گ	چ	ر	گ	ل	د	و	ر	ف	ژ	ط	ق	ن
ه	ی	د	ر	و	ژ	ن	خ	ج	ز	چ	ر	ي	ب
ط	ث	گ	ز	ا	س	و	ت	خ	ا	س	م	س	ف
م	غ	ش	ئ	خ	ن	ح	ش	گ	س	س	ض	غ	چ
ش	ض	ث	غ	گ	پ	ر	و	ا	ن	ه	آ	ط	ج

هوا
اتمسفر
فرود
ماجراجویی
بادکنک
سوخت
آسمان
ساخت و ساز
تبار
جهت

خدمه
باد کردن
ارتفاع
پروانه
تاریخ
هیدروژن
موتور
مسافر
خلبان
تلاطم

26 - Aventure

ر	ث	چ	ا	ظ	گ	ص	ژ	ش	ا	د	ی	آ	ا
ک	ک	م	ص	ز	ل	ث	ص	د	ئ	ص	ب	م	ی
ل	و	م	ع	م	ر	ی	غ	ر	ت	ق	ا	ا	م
ت	ر	د	و	س	ت	ا	ن	ث	م	م	ی	د	ن
خ	ذ	ه	ي	ن	و	ز	ذ	ت	ئ	خ	ت	ه	ی
ز	ي	م	ش	ک	ل	د	ق	گ	ی	ظ	ه	س	ا
ص	آ	ا	ذ	ت	ذ	ظ	ا	گ	و	و	ج	ا	ن
خ	ذ	ن	آ	پ	ئ	د	ی	د	ج	ت	ز	ز	ف
ت	ف	ر	ث	ف	ر	ص	ت	ع	ا	ج	ش	ی	ع
خ	ت	ف	ص	ت	س	ی	ش	س	ذ	ع	س	گ	ا
خ	ع	س	ث	ت	غ	ش	ا	ن	س	پ	ج	ح	ل
ز	ی	ب	ا	ی	ی	خ	ط	ر	ن	ا	ک	ث	ی
ق	ب	ب	م	گ	ص	ر	ا	خ	ش	ژ	ظ	چ	ت
ف	ط	ک	ر	ي	ق	د	د	ژ	ا	و	س	ب	ج

فعالیت
دوستان
زیبایی
شجاعت
شانس
خطرناک
مقصد
مشکل
اشتیاق
گشت و گذار

غیر معمول
سفرنامه
شادی
طبیعت
جهت یابی
جدید
فرصت
آماده سازی
ایمنی

27 - Ville

س	س	ف	ث	خ	ش	غ	ژ	پ	ق	گ	ئ	ع	ب
د	و	ف	ر	و	د	گ	ا	ه	ز	و	م	د	ا
ر	ح	پ	م	م	ف	خ	ک	ي	ق	ل	و	ا	ز
م	ي	ک	ر	ذ	ش	و	ر	ف	ل	گ	ض	ر	ا
ا	آ	ض	ک	م	ی	ر	ل	ا	گ	ص	ز	و	ر
ن	ج	د	ث	ع	ا	ک	ی	چ	ظ	ب	ث	خ	ج
گ	غ	ت	ی	ض	م	ر	ت	ش	ح	و	غ	ا	ب
ا	م	ن	ی	س	ن	ژ	ک	ا	ه	ت	ل	ن	ا
ه	ر	س	ت	و	ر	ا	ن	ت	ب	ص	ک	ه	ن
م	ک	ت	ا	ب	ف	ر	و	ش	ی	خ	ژ	ق	ک
ب	د	ت	د	خ	س	ح	ع	ظ	ع	ح	ا	ظ	ا
ا	ع	ر	و	ر	ز	ش	گ	ا	ه	ح	م	ن	ش
ظ	ک	ل	س	ل	ن	ا	ن	و	ا	ی	ی	چ	ه
آ	ي	ض	و	ه	ا	گ	ش	ن	ا	د	د	ظ	ر

فرودگاه
بانک
کتابخانه
نانوایی
سینما
درمانگاه
مدرسه
گلفروش
گالری
هتل

کتابفروشی
بازار
موزه
داروخانه
رستوران
ورزشگاه
سوپرمارکت
نمایش
دانشگاه
باغ وحش

28 - Ingénierie

ا	ا	ت	ئ	ف	ف	و	آ	ا	ع	س	ح	ث	ض
ن	ن	و	و	ن	پ	ع	ق	ر	ص	ع	ی	ا	م
ر	د	ز	ف	خ	ش	ل	ر	ا	د	و	م	ن	ر
ژ	ا	ی	پ	ط	ل	م	س	س	ض	د	ا	ق	ه
ی	ز	ع	ک	ع	م	ئ	ل	ق	و	ی	ک	ظ	ا
ا	ه	ظ	ض	چ	ر	ط	ق	ه	گ	ز	ح	ب	ذ
ع	گ	ن	ه	ر	و	ت	و	م	ب	ل	ت	ز	ق
ع	ی	ز	ی	خ	ح	ا	ی	ت	چ	س	س	خ	ک
ز	ر	ط	و	ش	م	ب	ر	ا	ت	خ	ا	س	ح
ط	ی	پ	ا	ق	ا	ث	ز	ط	آ	ز	و	ح	ي
ج	خ	ت	ز	ظ	ق	م	ذ	ن	و	ک	ر	ی	م
ح	ر	ک	ت	ق	م	پ	ذ	ک	ظ	ک	ذ	گ	س
ف	س	ر	ذ	ظ	و	ش	گ	ا	ش	ث	ا	ل	چ
س	ا	خ	ت	و	س	ا	ز	ط	ئ	آ	خ	ز	ش

اهرم
مایع
ماشین
اندازه گیری
موتور
حرکت
عمق
چرخش
ثبات
ساختار

زاویه
محور
محاسبه
ساخت و ساز
نمودار
قطر
دیزل
توزیع
انرژی
استحکام

29 - Énergie

آ	ض	ح	پ	ث	ق	ت	خ	ب	م	د	ل	و	ک
ت	ر	ف	م	ا	ل	ئ	ف	و	ح	ی	ق	ر	ب
ط	ف	خ	ت	ج	ل	ج	ج	ن	ی	ز	ن	ب	ئ
س	ي	غ	خ	و	ر	ش	ی	د	ط	ل	ف	ط	م
ذ	و	آ	ا	ل	ک	ت	ر	و	ن	غ	س	ث	ر
ت	ظ	خ	ن	ی	ب	ر	و	ت	ص	خ	ن	ل	پ
ج	ه	د	ت	ت	ی	ز	ت	ک	و	ن	س	ک	ص
د	ی	خ	ئ	چ	ر	ث	و	ظ	ا	ل	ع	س	ر
ی	د	غ	ع	ج	ت	و	م	ت	ف	ت	د	ت	ت
د	ر	ر	ذ	آ	ا	ی	پ	آ	ل	و	د	گ	ی
پ	و	ز	م	چ	ب	ق	چ	ي	ق	آ	ی	چ	ع
ذ	ژ	ه	س	ت	ه	ا	ی	د	گ	خ	غ	ض	ی
ی	ن	ئ	پ	ض	ق	ح	ر	ا	ر	ت	پ	ج	ف
ر	پ	ج	ذ	ي	م	ک	ر	ب	ن	و	ت	و	ف

باتری
کربن
سوخت
حرارت
دیزل
آنتروپي
محیط
بنزین
برقی
الکترون
هیدروژن
صنعت
موتور
هسته ای
فوتون
آلودگی
تجدید پذیر
خورشید
توربین
باد

30 - Corps Humain

ش	ک	گ	ض	آ	ر	ث	ث	آ	ص	ق	ئ	ن	ض
م	ج	ت	پ	ش	ی	ش	ل	ت	ت	ل	گ	ل	ش
غ	ذ	ق	ض	ژ	ر	ل	ل	ن	ح	ذ	ق	د	ع
ز	ت	ا	س	ذ	د	ژ	گ	ث	ی	چ	ئ	ئ	ف
ی	آ	ق	ع	ک	ز	ش	ط	گ	ز	چ	ب	ل	ط
ت	غ	ض	ز	ح	ت	ا	ق	ی	ع	ظ	ب	ل	ب
خ	ص	چ	ظ	ش	غ	غ	ا	ن	گ	ش	ت	ي	ا
ر	ث	ص	ا	د	ه	ا	ن	ی	م	چ	پ	ا	ض
ط	ب	ي	ق	ن	ض	ش	د	ب	ن	ض	غ	ق	ک
پ	و	س	ت	ل	ه	ا	ر	ز	س	ت	ی	ف	ک
ق	ن	م	ص	ا	ب	ن	گ	ا	ت	آ	گ	و	ش
ژ	ذ	ع	خ	ج	غ	ه	ج	ن	ر	آ	ب	ی	ظ
ت	ح	د	س	ي	ژ	د	آ	و	و	ح	د	س	ت
ح	آ	ه	ر	ل	ف	ض	گ	ظ	ص	خ	ش	ب	ر

لب
دست
فک
چانه
بینی
گوش
پوست
خون
سر
صورت

دهان
مغز
مچ پا
گردن
آرنج
قلب
انگشت
معده
شانه
زانو

31 - Épices

ف	خ	ه	ل	ی	ل	ب	ن	ش	ژ	ت	ط	ع	ي
غ	ل	ل	پ	ن	ی	ی	ز	س	د	ر	ر	ع	غ
ط	ت	ف	ف	د	ن	ق	ن	ا	ر	ف	ع	ز	م
ع	ش	ل	ل	پ	ا	ذ	ج	گ	ژ	م	غ	ص	ن
ب	ی	ف	ر	ق	و	آ	ب	گ	آ	غ	و	ز	ی
غ	ر	ز	ا	پ	ر	پ	ی	ی	ژ	گ	ع	ل	ح
ک	ی	ی	ز	ي	آ	م	ل	ن	ع	ص	ک	ي	ي
ا	ن	ر	ی	س	م	ي	ز	د	ا	ر	چ	ی	ن
ر	ب	ه	ا	ی	م	ث	ي	ا	گ	ش	ن	ی	ز
ی	ی	ز	ن	و	پ	ط	غ	ض	ی	ش	ئ	ظ	ض
ص	ا	ک	ه	ح	ک	گ	ل	ي	ج	پ	ن	م	ک
م	ن	ت	پ	ج	و	ز	ه	ن	د	ی	ت	ض	ی
پ	ل	ز	ر	ط	گ	ج	ص	ژ	و	گ	ر	ط	و
خ	و	ب	ن	ک	ل	ژ	د	ج	ک	د	ش	ح	ج

ترش
سیر
تلخ
دارچین
هل
گشنیز
زیره
کاری
رازیانه
شنبلیله

زنجبیل
جوز هندی
پیاز
فلفل قرمز
فلفل
شیرین بیان
زعفران
طعم
نمک
وانیل

32 - Science

ا	ه	ل	و	ک	ل	و	م	ا	س	ل	ث	م	د
ت	ف	ث	ت	ژ	ظ	ش	د	ر	ح	ذ	چ	و	ا
م	ت	ی	ت	ت	چ	گ	ی	گ	گ	گ	ظ	ا	ن
ف	ق	ل	ز	ع	ا	ژ	ص	ا	ذ	ت	ذ	د	ش
ن	ی	ی	ا	ی	م	ی	ش	ن	م	ج	ض	م	م
د	ق	س	گ	ب	ک	ض	ي	ی	ژ	ز	ن	ع	ن
ت	ح	ف	ن	ط	ف	م	ئ	س	ل	ج	آ	د	د
ج	ل	ج	ا	ذ	ب	ه	غ	م	ک	ج	غ	ن	ز
ت	ک	ا	م	ل	ر	س	ف	ر	ض	ی	ه	ی	ا
ر	خ	ج	م	ذ	چ	خ	م	ش	ا	ه	د	ه	ي
س	و	خ	غ	ا	ر	ل	ي	آ	ث	ئ	ط	ع	ن
ل	ي	ش	ژ	د	گ	ن	ی	ذ	ر	ا	ت	ي	ف
ا	ق	ل	ی	م	آ	ل	ب	ل	پ	ت	گ	خ	ج
د	ا	د	ه	ا	گ	ش	ی	ا	م	ز	آ	ن	ش

اتم
شیمیایی
اقلیم
داده
آزمایش
تکامل
حقیقت
فسیلی
جاذبه
فرضیه

آزمایشگاه
روش
مواد معدنی
مولکول ها
طبیعت
مشاهده
ارگانیسم
ذرات
فیزیک
دانشمند

33 - Vêtements

ي	ض	ق	ض	و	ظ	ک	گ	ش	ک	ت	س	د	ق
ق	ح	م	آ	ذ	گ	ر	ر	ل	ل	و	م	ن	ق
ی	د	ح	ن	خ	ث	د	د	و	ئ	ب	د	ب	ز
ح	ظ	ر	ز	و	غ	ر	ن	ا	ا	ا	ا	ت	ض
گ	ف	ض	چ	ت	ح	ا	ب	ر	ع	و	ث	س	ج
ص	ي	گ	ت	ک	ب	و	ن	ج	ز	خ	گ	د	م
ح	س	ر	س	ا	ف	ل	د	ی	پ	س	ج	ب	ا
ن	ص	و	ب	ژ	ن	ش	و	ن	م	ا	د	ئ	ع
ي	ع	س	ص	ن	د	ل	ف	ز	ر	ب	ل	ي	م
ب	ا	ر	و	ج	ذ	ج	ظ	ث	س	ل	ط	و	ر
ر	ظ	ی	پ	ی	ر	ا	ه	ن	ذ	آ	ذ	چ	غ
گ	ق	ق	ل	ئ	ا	ب	خ	س	ک	ل	ا	ه	ع
ت	ظ	ک	م	ر	ب	ن	د	ژ	آ	ف	ش	غ	ث
ا	ئ	ذ	ص	ر	ف	ز	ا	ی	خ	و	ض	غ	ک

دستبند
کمربند
کلاه
جوراب
کفش
پیراهن
بلوز
گردنبند
روسری
دستکش

شلوار جین
دامن
کت
مد
شلوار
لباس خواب
لباس
صندل
صحن
ژاکت

34 - Arts Visuels

م	ث	ي	د	ژ	ط	م	و	م	ش	س	ت	ت	پ
ج	ص	ز	م	ش	ص	ج	ص	ل	ا	ر	ر	ل	س
ف	ت	د	ز	ش	ئ	س	ق	ی	ه	ا	ک	ف	ح
خ	ل	ا	ق	ی	ت	م	گ	ف	ک	م	ی	م	آ
ج	ا	س	ب	ذ	ئ	ه	ع	چ	ا	ی	ب	ع	و
گ	و	ب	ب	غ	ز	س	ج	ک	ر	ک	ب	م	خ
س	ه	پ	ا	ی	ه	ا	م	ع	س	ئ	ن	ا	ک
خ	ا	ک	ر	س	ر	ز	د	د	س	خ	د	ر	ش
ص	ي	ض	ا	ح	ت	ی	ا	ن	س	ض	ی	ی	ا
ي	گ	ج	ک	ی	ر	ش	د	م	ا	ز	ص	ی	ب
ع	غ	ت	د	گ	پ	ا	م	ر	ژ	م	ئ	س	ل
ف	ل	ظ	و	ش	ئ	ق	ب	ن	ز	آ	ش	گ	و
غ	ف	پ	خ	خ	ل	ن	س	ه	ذ	پ	غ	چ	ن
ت	ض	چ	پ	خ	ق	ث	ا	ص	و	ت	ع	ط	ژ

خلاقیت
فیلم
نقاشی
چشم انداز
عکس
شابلون
پرتره
مجسمه سازی
خودکار

معماری
خاک رس
هنرمند
سرامیک
شاهکار
سه پایه
موم
ترکیب بندی
گچ
مداد

35 - Méditation

و	ض	ع	ی	ت	ظ	م	ا	ر	آ	ع	ک	ق	م
آ	ص	گ	ن	و	ح	ه	ض	چ	خ	ا	و	ظ	ئ
ا	غ	ط	ه	ک	ش	ر	ی	ذ	پ	د	م	غ	ص
س	ح	ر	ذ	س	ش	ب	ن	ج	ی	ا	ژ	ش	ئ
ص	ژ	س	ق	ب	خ	ا	ي	ق	ئ	ت	چ	ا	ق
ي	و	ب	ا	س	ف	ن	ت	د	ظ	ي	چ	ق	ذ
ل	ح	ل	ط	س	ز	ی	ص	ر	پ	ي	ر	ش	گ
ح	ل	ص	ت	پ	ا	خ	پ	د	ئ	س	س	ف	ب
ت	و	ج	ه	ئ	ن	ت	ت	ا	ي	ظ	ذ	ق	ط
د	و	ض	ب	ی	د	ا	ر	ن	ک	آ	ط	ت	د
ق	ژ	م	و	س	ی	ق	ی	ی	ق	ض	ظ	ح	ج
چ	ش	م	ا	ن	د	ا	ز	م	ش	ا	ه	د	ه
ط	ب	ی	ع	ت	ص	ا	پ	آ	و	و	آ	ظ	ح
آ	خ	ی	ب	ب	ف	ک	ز	ی	ث	د	ف	ل	ظ

پذیرش	ذهنی
توجه	جنبش
آرام	موسیقی
وضوح	طبیعت
شفقت	مشاهده
احساسات	صلح
بیدار	چشم انداز
مهربانی	وضعیت
قدردانی	تنفس
عادات	سکوت

36 - Littérature

گ	ی	ئ	ن	گ	ش	ر	ح	خ	س	م	ن	ی	ض
ت	س	س	ع	و	ش	ص	م	ف	ن	ق	ت	ظ	پ
ق	ح	آ	گ	ذ	ی	و	ا	ر	ت	ا	س	ق	ک
م	ز	ل	گ	ق	ب	س	ع	ع	ی	ی	غ	ا	ل
ب	ژ	ظ	ی	ف	ط	غ	ن	ش	ج	س	س	ف	ص
ی	ب	ا	ظ	ل	ت	خ	ح	د	ه	ه	ب	ی	ق
و	خ	ط	ج	ل	ی	گ	ئ	ج	ه	ي	ک	ه	ق
گ	خ	ن	ص	ذ	ا	ث	و	د	ا	س	ت	ا	ن
ر	ق	ز	ل	ب	ک	ظ	ض	ذ	ظ	ظ	س	م	ی
ا	ح	ذ	ذ	ج	ح	ذ	ط	د	ر	م	ا	ن	ط
ف	ژ	ئ	ي	ش	غ	ل	ذ	ض	م	ت	ی	ر	ز
ی	ت	ر	ا	ژ	د	ی	ش	ض	ض	ز	ق	ی	ط
ا	ئ	ص	ش	ث	ئ	ی	ج	چ	ز	ز	گ	م	ي
ش	ا	ع	ر	ا	ن	ه	ا	س	ت	ع	ا	ر	ه

استعاره
راوی
شعر
شاعرانه
قافیه
رمان
ریتم
سبک
تم
تراژدی

قیاس
تحلیل
حکایت
نویسنده
بیوگرافی
مقایسه
نتیجه
شرح
گفتگو
داستان

37 - Nourriture #1

ب	ق	ژ	س	ج	خ	د	ی	ی	ن	و	ص	ن	ض
ب	س	ز	ا	ی	پ	ا	ص	ب	پ	م	غ	ل	ش
ص	ژ	ب	ل	و	ی	ر	آ	ا	ر	ع	ک	ث	ظ
ع	ض	چ	ا	ه	ل	چ	ص	ل	ی	م	و	ن	ط
ي	ج	ن	د	ت	ه	ی	ش	گ	ش	ک	ج	ق	ق
س	ف	ص	آ	ب	و	ن	ئ	س	ص	آ	ا	ژ	گ
غ	چ	ي	م	م	ه	ت	پ	ف	ذ	خ	ن	چ	و
د	س	د	ش	ف	ق	ش	ف	ط	گ	ج	ف	ر	ش
س	و	پ	گ	ک	م	آ	م	ر	ح	ي	س	ی	ت
و	ق	آ	ض	خ	ش	ل	ل	ی	ن	گ	ا	ح	ث
ی	ک	ع	ز	ي	ث	ش	خ	س	ط	گ	ی	ا	ع
ق	آ	ث	ظ	ی	ف	ط	ص	ط	س	ت	ی	ن	ط
د	ن	ت	ی	ه	ا	م	ن	ذ	غ	ژ	ض	ک	ض
م	گ	د	گ	ع	ق	و	پ	ی	ر	ک	ج	ع	ق

سیر
ریحان
قهوه
دارچین
هویج
لیمو
اسفناج
توت فرنگی
آب
شیر

شلغم
پیاز
جو
گلابی
سالاد
نمک
سوپ
قند
ماهی تن
گوشت

38 - Jours et Mois

ظ	د	د	ک	ذ	ي	ج	ن	ذ	و	ا	ح	ض	ح
ط	پ	و	ر	آ	ش	و	ت	و	ا	ص	س	ز	ح
ب	گ	ن	ش	ط	ذ	ل	ش	س	ا	ج	م	ع	ه
پ	گ	ئ	ج	ن	ه	ا	ش	ه	م	م	ک	گ	ر
م	ا	ر	س	ش	ب	ی	س	ش	ث	ی	ب	چ	ل
آ	و	ر	ی	ل	ن	ه	خ	ن	ژ	و	ی	ر	ز
م	غ	ب	ل	ا	ش	ب	م	ب	ت	ق	ق	د	ل
ه	ش	م	ث	گ	ت	ن	ه	ه	خ	ت	ت	ع	ط
ف	و	ا	د	ذ	ظ	ش	ث	خ	ر	د	ا	د	ی
ت	ض	ت	و	غ	ص	ر	ا	ک	ت	ب	ر	د	ک
ه	ص	پ	م	ا	ه	ا	ض	ب	خ	د	ص	پ	ش
پ	ط	س	ج	و	ص	ه	ی	ر	و	ف	ل	ئ	ن
د	ب	ج	م	ث	ک	چ	ج	ض	ض	س	ل	ز	ب
ژ	ا	ن	و	ی	ه	ب	خ	پ	خ	ز	ز	ظ	ه

اوت
آوریل
تقویم
یکشنبه
فوریه
ژانویه
پنج شنبه
جولای
خرداد
دوشنبه
سه شنبه
مارس
چهارشنبه
ماه
نوامبر
اکتبر
شنبه
هفته
سپتامبر
جمعه

39 - Jardinage

ت	گ	ع	ع	ظ	ح	ل	ش	د	ت	ض	ئ	ب	و
ر	ب	ض	ج	ف	ظ	ط	ل	گ	ه	ت	س	د	د
ع	ط	ص	گ	ی	ئ	ت	ن	ر	ب	غ	پ	ذ	ب
خ	ر	و	ل	ذ	ب	س	گ	ر	ب	و	ئ	غ	ث
ش	و	ط	ب	ظ	آ	و	ن	ک	ش	ع	چ	خ	م
ا	ظ	ر	پ	ت	ف	پ	غ	ا	ب	د	ض	ز	ا
خ	ئ	ط	ا	ث	د	م	چ	ر	ش	ک	و	ف	ه
و	آ	ظ	ض	ک	ب	ک	غ	ی	ی	ش	ع	ر	ن
ب	ب	ن	ث	ژ	ی	و	ط	ع	آ	ب	ج	ظ	ا
ر	ت	ص	ت	خ	ذ	خ	ا	ک	و	پ	غ	ض	د
گ	ظ	ث	گ	ح	ظ	چ	ی	ا	ع	ث	د	آ	ا
گ	ی	ا	ه	ش	ن	ا	س	ی	ژ	ن	ج	آ	غ
ا	ق	ل	ی	م	پ	ا	ض	ل	ق	س	پ	ش	ش
ف	ص	ل	ی	پ	ک	ع	پ	ش	ي	آ	گ	ج	ط

شکوفه
گل
دانه
رطوبت
ظرف
فصلی
خاک
شلنگ
باغ

گیاه شناسی
دسته گل
اقلیم
خوراکی
کمپوست
آب
عجیب و غریب
شاخ و برگ
برگ

40 - Entreprise

ش	م	ک	ه	ن	ا	خ	ر	ا	ک	ک	ل	ر	ه
س	ا	س	ل	ذ	چ	خ	ع	آ	ض	ت	ص	ح	ز
ر	ل	ز	م	ب	ئ	س	د	ف	د	ع	و	و	ی
م	ی	ه	ا	گ	ش	و	ر	ف	ر	ت	ف	د	ن
ا	ا	ک	ع	ق	ط	ت	ی	ئ	آ	ط	ع	غ	ه
ی	ت	پ	م	ژ	ت	ک	ر	ش	م	م	ل	س	چ
ه	ش	ش	ق	ظ	ش	ص	ق	ظ	د	ی	ز	ق	ژ
گ	ا	ف	چ	ل	و	پ	ا	م	ر	ف	ر	ا	ک
ذ	د	ت	ژ	و	ر	ث	و	د	ش	ج	چ	ش	ک
ا	غ	ف	ي	پ	ف	ث	ت	ش	پ	ت	خ	ک	ش
ر	ن	ه	ج	د	و	ب	آ	ي	ک	ش	م	ط	د
ی	ذ	ن	م	ح	ک	ا	ل	ا	ع	ئ	ا	ض	ج
ر	س	ژ	ک	ا	ر	م	ن	د	و	س	ل	ذ	ب
خ	ث	ث	د	و	ح	ر	ف	ه	ژ	ح	ی	ب	ض

اقتصاد
مالی
مالیات
سرمایه گذاری
کالا
سود
درآمد
معامله
کارخانه
فروش

پول
فروشگاه
بودجه
دفتر
حرفه
هزینه
واحد پول
کارفرما
کارمند
شرکت

41 - Activités

ج	ذ	ق	ع	ف	ح	خ	م	غ	ص	ق	ص	ژ	س
ا	ث	ض	ک	ع	ض	ط	و	ا	ق	ل	ذ	ت	ئ
د	ح	غ	ا	ا	ک	ی	م	ا	ر	س	ف	ش	ض
و	گ	ص	س	ل	ع	ی	ط	ن	ن	د	ک	س	ک
م	آ	ط	ی	ی	ف	ر	ا	غ	ت	د	و	ذ	ق
ق	س	ر	خ	ت	ئ	ی	ل	ظ	ر	ن	ن	خ	ي
ن	ق	ا	ش	ی	ز	گ	ر	ع	ا	خ	آ	ت	ت
م	ن	ا	ف	ع	ک	ی	و	ر	ه	د	ا	ی	پ
ک	م	پ	ی	ن	گ	ه	ض	آ	م	ر	ئ	چ	م
ن	د	ف	ي	س	ل	ا	م	آ	ج	م	ت	ص	گ
آ	ر	ا	م	ش	آ	م	ب	ا	غ	ب	ا	ن	ی
ز	ل	ذ	چ	ظ	و	ر	ئ	ذ	آ	ش	ق	ک	ث
ص	ن	ا	ی	ع	د	س	ت	ی	ص	ث	ر	ظ	غ
ه	ن	ر	ا	ک	ش	پ	ا	ژ	خ	ژ	ح	خ	ا

فعالیت
هنر
صنایع دستی
کمپینگ
سرامیک
شکار
مهارت
دوخت
رقص
منافع

باغبانی
خواندن
فراغت
جادو
نقاشی
ماهیگیری
عکاسی
لذت
پیاده روی
آرامش

42 - Mode

ف	گ	ف	ف	ز	ی	ب	ا	پ	ا	ر	چ	ه	ط
ر	ک	ر	ح	پ	ع	ر	ي	ظ	ق	پ	خ	و	گ
گ	غ	و	غ	ژ	غ	ا	و	غ	ص	ی	ن	ا	آ
س	ج	ت	ل	ب	ژ	ض	غ	ت	غ	س	ا	د	ه
چ	ب	ن	خ	ح	س	ط	خ	ت	ت	ف	ر	ز	د
ض	ی	ک	ی	ت	و	ب	چ	ک	د	ب	گ	ژ	ی
ذ	ت	ئ	ث	ا	ص	ل	ی	ژ	ح	ج	ج	ن	چ
گ	ل	د	و	ز	ی	ب	ت	ی	و	ع	ي	چ	ی
آ	ظ	ئ	غ	ع	م	ل	ی	ر	ب	ا	ف	ت	پ
ث	ظ	ض	ط	ص	ا	ع	غ	ث	و	ک	ز	م	ج
و	ن	ا	ل	گ	و	خ	خ	غ	ي	ن	ر	د	م
ل	ب	ا	س	ژ	ی	خ	د	ک	م	ه	د	ق	ک
ر	ا	ح	ت	س	ی	ل	ا	م	ی	ن	ی	م	ف
ف	ق	ب	ئ	پ	ک	ر	و	ژ	ژ	ئ	گ	ی	ش

بوتیک	الگو
دکمه	اصلی
گلدوزی	عملی
گران	ساده
راحت	پیچیده
توری	سبک
زیبا	روند
مینیمالیست	بافت
مدرن	پارچه
فروتن	لباس

43 - Fleurs

ف	آ	س	گ	ر	ن	ج	غ	ئ	ز	ر	غ	ا	گ
ت	و	ا	ل	د	ش	ق	م	ظ	ن	ت	د	س	ز
د	ب	ی	ب	غ	ح	ف	ث	خ	ب	ر	س	ط	ذ
د	ی	ش	ر	و	خ	ل	گ	ش	ق	آ	و	و	ع
ب	ذ	ز	گ	ط	خ	و	ق	ا	ص	د	ک	خ	ئ
ن	پ	آ	ی	ص	ص	ج	ظ	خ	ث	غ	س	و	ف
م	ا	گ	ن	و	ل	ی	ا	ش	پ	ت	ی	د	ق
گ	ا	ر	د	ن	ی	ا	ظ	خ	ل	س	ب	و	ظ
ل	ع	ا	ا	آ	ا	ژ	غ	ي	و	ع	ی	س	ف
پ	ا	چ	ر	ی	ب	ض	ز	ض	م	ط	ه	ع	و
ژ	غ	ل	د	ک	ش	ب	د	ر	ر	ع	ی	ض	آ
ظ	ب	ي	ه	غ	ی	ژ	ض	ص	ی	م	د	و	ف
د	س	ت	ه	گ	ل	د	ج	ج	ا	س	گ	م	خ
ی	ب	ز	گ	ت	ع	ک	ه	ص	ص	م	ص	ن	ش

دسته گل
گاردنیا
هیبیسکوس
یاس
نرگس
اسطوخودوس
زنبق
ماگنولیا
دیزی

ارکیده
خشخاش
گلبرگ
قاصدک
پلومریا
رز
گل خورشید
شبدر
لاله

44 - Nourriture #2

ا	ن	گ	و	ر	چ	ش	د	ب	ه	ب	ن	ا	ظ
س	غ	ج	ل	س	ک	ک	ض	آ	چ	ا	ی	و	ج
خ	ب	ر	ن	ج	ل	ل	د	ي	ئ	د	ه	س	ن
ل	ر	گ	ا	غ	م	ا	د	ا	ب	م	ا	ا	ت
ا	گ	ل	ن	ث	ب	ت	ش	ک	ج	ج	م	ل	ظ
آ	چ	ر	ت	ز	ر	ب	د	ش	م	ا	ا	ی	غ
گ	ت	ش	ژ	ن	و	ب	م	ا	ژ	ن	گ	گ	ت
ک	ع	ر	د	د	ک	م	ف	ذ	ز	م	ر	غ	خ
و	چ	س	ط	ع	ل	د	ج	ز	ت	ک	چ	ت	م
ق	ا	ر	چ	ذ	ی	و	ی	ک	ن	ز	ي	غ	م
پ	ا	ف	ی	گ	ن	ر	ف	ه	ج	و	گ	ظ	ر
ک	ر	ف	س	ف	ن	ر	غ	ت	ث	ژ	ژ	پ	غ
ط	م	ح	ا	ص	ظ	د	ن	ی	ذ	غ	ح	ق	ع
ت	ي	آ	ط	ذ	چ	غ	م	د	چ	ت	ي	ج	خ

بادام
بادمجان
موز
گندم
کلم بروکلی
گیلاس
کرفس
قارچ
شکلات
ژامبون

کیوی
انبه
تخم مرغ
نان
ماهی
سیب
مرغ
انگور
برنج
گوجه فرنگی

45 - Algèbre

خ	ئ	ر	ق	ض	م	آ	ق	و	گ	ت	ق	ل	ا
ي	ض	گ	ح	گ	ل	ش	ل	چ	غ	ف	ن	آ	م
م	ق	د	ا	ر	ی	غ	ت	م	د	ر	ص	د	آ
پ	ر	ث	د	پ	ژ	ج	ئ	ژ	ق	ی	ص	ی	ش
چ	ع	س	ی	ر	ت	ا	م	ا	ژ	ق	ت	ئ	ح
ک	ل	ح	ه	ا	ر	ا	و	ظ	ز	چ	س	ز	ظ
س	ع	ر	ل	ن	ط	ش	ظ	س	ف	ئ	ر	ع	ا
ی	ه	ا	ن	ت	م	ا	ن	ص	ف	ر	د	ی	ذ
ط	ع	د	م	ز	ک	د	ئ	ه	ل	د	ا	ع	م
خ	ئ	و	خ	ل	ق	ز	گ	ر	ا	ف	ن	ث	ز
ف	ر	م	و	ل	ک	ش	م	ا	س	ک	ح	م	ر
ج	ک	ن	ر	ی	د	ئ	ا	م	چ	ک	ی	گ	ا
ط	ک	ض	ش	ظ	و	ف	ث	ش	ث	ظ	ک	ط	ف
س	ا	د	ه	ک	ر	د	ن	ج	آ	ي	ض	د	ف

نمودار
نما
معادله
عامل
نادرست
فرمول
کسر
گراف
نامتناهی
خطی

ماتریس
شماره
پرانتز
مشکل
مقدار
ساده کردن
راه حل
تفریق
متغیر
صفر

46 - Océan

د	پ	ف	ش	ى	ي	س	د	ئ	ج	ن	ت	ع	ژ
ل	ث	ل	ن	گ	پ	ل	ک	م	ح	ه	پ	ر	ی
ف	ظ	ض	ح	ز	ا	س	ر	ژ	ن	ن	ه	و	ف
ی	ل	ا	ک	پ	ش	ت	م	س	م	گ	د	س	ف
ن	خ	ر	چ	ن	گ	ع	ک	ا	گ	پ	ر	د	س
ا	پ	ن	ق	خ	ص	ک	ض	ص	ه	ق	ی	ر	خ
ج	ا	و	م	ا	چ	ک	م	ن	م	ی	ا	ی	ک
ر	س	و	پ	ا	ت	خ	ا	د	ط	م	ی	ا	و
م	ا	ه	ی	ت	ن	ح	ر	ع	غ	و	ی	ی	س
م	د	م	ل	ا	ش	ث	م	ز	ش	ا	ف	ی	ه
ق	ی	ا	ق	ج	ش	ح	ا	ا	م	س	ل	ا	ي
ض	ئ	گ	ي	ب	ذ	ل	ه	د	ش	ف	ذ	ذ	ن
ص	د	ف	و	چ	ذ	ف	ی	ع	و	ن	ی	ق	ث
ز	ی	ی	ا	ی	ر	د	ک	ب	ل	ج	ح	ا	ت

جلبک دریایی
مارماهی
نهنگ
قایق
مرجان
خرچنگ
میگو
دلفین
اسفنج
صدف

عروس دریایی
ماهی
اختاپوس
کوسه
تپه دریایی
نمک
طوفان
ماهی تن
لاک پشت
امواج

47 - Remplir

گ	چ	ض	ي	س	ذ	غ	ژ	ژ	ر	د	ب	س	چ
ب	ف	م	د	س	ش	و	م	ج	ز	ش	ط	پ	غ
م	ي	ح	ل	ر	ل	ش	ی	ش	ه	غ	ر	ا	ذ
چ	ژ	و	ث	ب	ط	ک	ن	س	ک	ب	ی	ک	ث
ق	ي	ز	ج	ق	س	ن	ی	ت	ش	ک	ع	ت	ج
س	ذ	ش	ظ	ف	ج	ت	س	ي	ب	د	د	ج	م
چ	ی	ث	ذ	ط	خ	ر	ه	و	ا	ن	ئ	ک	چ
م	گ	ث	ن	گ	ف	ا	س	ق	ج	س	ز	ل	م
خ	پ	ث	ص	ل	ا	ک	ی	ش	ت	ی	ئ	و	د
ن	چ	ج	ت	د	ح	ق	ک	ص	ل	پ	ب	ل	ا
پ	و	ش	ه	ا	خ	ع	د	ث	ذ	پ	ط	ه	ن
ا	س	ص	ض	ن	ت	ج	ا	ذ	ت	ق	ز	ي	آ
ق	ف	ت	و	گ	ث	ل	ص	ئ	ع	آ	د	ط	چ
چ	ف	س	ح	ص	چ	غ	ف	ث	م	س	آ	ک	ف

وان
بشکه
حوضه
جعبه
بطری
کارتن
پوشه
پاکت
کشتی
سبد

بسته
سینی
جیب
شیشه
کیسه
سطل
کشو
لوله
چمدان
گلدان

48 - Antiquités

ج	چ	ح	ه	ن	ر	ز	ض	غ	م	ا	ف	ق	ض
ک	ن	ر	ق	ع	خ	ی	پ	ی	و	ر	ع	ی	گ
م	ز	ا	ع	خ	ش	ب	س	ر	ر	ز	ض	م	ا
س	ج	ج	م	خ	ب	ا	ک	م	د	ش	غ	ت	ل
ب	ز	س	م	ع	ص	و	ه	ع	س	س	ا	ی	ر
گ	ض	ج	م	ع	ت	ن	ا	م	ل	ب	م	ع	ی
ج	و	ح	خ	ه	ش	ب	ز	و	د	ن	ک	ض	ج
ز	ذ	ژ	و	ح	س	غ	ر	ل	آ	ض	ي	و	ع
م	ض	ع	ظ	آ	خ	ا	د	ت	ز	ئ	ي	ن	ي
ز	ت	ن	ذ	ط	ئ	ک	ز	ا	م	د	ژ	پ	ث
ف	ر	گ	چ	د	ض	ع	ض	ی	م	ی	د	ق	ش
ج	م	س	ر	م	ا	ی	ه	گ	ذ	ا	ر	ی	ش
ف	ی	ج	ک	ی	ف	ی	ت	پ	س	ظ	ص	م	و
ط	م	ا	ث	ک	ث	ت	ش	ئ	ج	ق	ئ	ر	ر

مبلمان
سکه
قیمت
کیفیت
ترمیم
مجسمه سازی
قرن
سبک
ارزش
قدیمی

هنر
مورد
معتبر
وضعیت
تزئيني
حراج
زیبا
گالری
غیر معمول
سرمایه گذاری

49 - Boxe

ا	ي	ک	ق	ج	ن	گ	ن	د	ه	ت	س	خ	خ
پ	س	س	ر	ی	ع	ر	ظ	د	ن	ب	ک	خ	ک
ص	ط	ت	ت	ز	ز	و	ی	ی	ا	ئ	ل	ث	ز
د	خ	ش	ح	ز	غ	ث	ع	ز	چ	آ	ض	ج	ي
م	ف	م	ش	ک	ت	س	د	ب	ف	ی	ر	ح	ص
ا	ا	ع	پ	ر	ا	ذ	ث	ک	ت	ب	ذ	ن	ذ
ت	ر	چ	ب	م	ر	م	ث	گ	ع	ا	خ	د	ج
ذ	ل	ب	ظ	ت	ع	س	ن	ج	ب	ی	ج	ز	آ
ز	ک	ق	ک	م	ک	ح	ذ	ی	ن	ز	ض	د	و
ط	ن	ا	ب	ه	ب	ژ	ي	م	س	ا	ت	گ	ح
ا	ش	ا	ک	ا	د	ظ	ي	گ	چ	ب	ف	ل	ش
ع	خ	ي	ع	ر	ن	ز	و	ق	ی	ب	ژ	خ	گ
د	ا	و	ر	ت	و	گ	ک	ح	گ	و	ش	ه	ض
ا	ت	غ	و	آ	ک	ب	و	ئ	و	غ	آ	پ	ی

حریف
داور
صدمات
بل
گوشه
جنگنده
مهارت
تمرکز
طناب
بدن
آرنج
لگد زدن
خسته
استحکام
دستکش
چانه
مشت
سریع
بازیابی

50 - Ballet

ح	آ	ج	ش	ز	د	ش	ث	گ	م	چ	ر	م	ب
ک	ل	ه	د	ن	ز	ا	ر	ب	ث	چ	س	ه	م
ت	ی	ض	ت	ا	ل	ض	ع	ت	ب	ذ	ا	ا	ث
آ	ف	ش	س	ص	ض	ه	ق	گ	س	چ	ص	ر	ي
ژ	ل	ط	ژ	ذ	ق	ن	س	ن	ا	ک	ش	ت	ت
ر	ق	ا	ص	ه	ي	ر	ی	ع	م	آ	ر	ع	چ
ت	م	ر	ی	ن	ک	ی	د	ا	ر	ف	ن	ا	ث
پ	آ	د	ک	ظ	ث	ظ	ث	ج	ژ	ش	ی	خ	ص
آ	ه	ن	گ	س	ا	ز	ظ	ي	غ	ل	س	گ	غ
ر	ژ	ل	ز	ذ	غ	ز	ژ	ب	گ	و	ژ	ن	گ
ذ	ی	ق	ی	س	و	م	خ	ز	ط	گ	ح	ئ	س
ذ	ی	ت	ر	ق	ص	ن	د	ه	ث	ف	پ	آ	م
ن	ت	ژ	م	و	ئ	ق	س	ب	ک	ی	ن	ک	ت
گ	ج	چ	ز	پ	ق	ئ	ز	گ	س	خ	ض	ص	ط

هنری
رقاصه
رقص
مهارت
آهنگساز
رقصنده
رسا
ژست
برازنده

شدت
عضلات
موسیقی
ارکستر
تمرین
ریتم
انفرادی
سبک
تکنیک

51 - Fruit

س	ب	ش	آ	م	ر	پ	ق	گ	ح	ط	ق	م	آ
ذ	م	غ	ن	ن	و	ي	خ	ی	ج	ن	ر	ا	ن
ش	ک	ل	ا	ک	گ	ز	ر	ل	ک	ذ	م	ی	چ
ز	ط	ی	ن	و	ن	گ	ب	ا	ر	ج	ل	ا	ف
ط	س	ل	ا	ل	ا	ن	ز	س	ه	ل	و	پ	ث
گ	ت	ش	س	آ	د	و	ه	ئ	ب	ئ	م	ا	ئ
ت	و	ک	ض	د	ل	ق	گ	چ	ن	گ	ی	پ	ل
آ	ت	ژ	ي	ر	ت	م	ش	ک	ا	ل	ل	ف	ي
د	و	ش	ف	ز	غ	ر	ل	آ	ژ	ا	و	ک	م
ش	ر	و	ط	ث	ل	ژ	ط	س	ح	ب	ی	س	خ
ص	ا	ع	ک	ف	ظ	ی	ق	ج	ج	ی	و	ر	د
ش	ی	ش	ت	ا	س	آ	ج	م	خ	ژ	ی	گ	خ
ژ	ش	ب	س	ب	د	ح	ک	ک	ش	م	ک	ن	ع
ز	ث	غ	و	ث	ن	و	گ	ژ	ظ	ظ	ث	پ	ت

زردآلو
آناناس
آووکادو
توت
موز
گیلاس
لیمو
شکل
تمشک
گواوا

کیوی
انبه
خربزه
شلیل
نارنجی
پاپایا
هلو
گلابی
سیب
انگور

52 - Musique

ت	ظ	ه	ش	ت	ا	ک	ط	ک	ف	ژ	ف	ف	ر
ب	ص	د	چ	ط	ب	ض	ض	گ	ق	ا	آ	ص	ی
ب	ض	ن	ک	د	ز	خ	ا	م	ت	ی	ر	ذ	ت
ف	ر	ن	ی	ح	ا	غ	ب	ث	ل	ئ	خ	س	م
غ	س	ا	ن	ف	ر	ح	ض	ض	ع	و	ه	خ	ی
ق	پ	و	و	ن	ب	آ	ا	پ	چ	پ	د	ا	ک
گ	ش	خ	م	ف	پ	ل	ص	ک	چ	م	ن	ی	ی
ل	غ	آ	ر	ظ	م	ص	ز	ی	ع	ت	ز	ج	ن
م	ب	ط	ا	ی	گ	چ	و	س	ق	ت	ا	آ	و
ه	م	ت	ه	ن	ا	ر	ع	ا	ش	ص	و	و	م
ن	ا	و	خ	ب	ژ	ژ	ی	ل	ز	چ	ن	ق	ر
ا	پ	ت	ب	م	و	ز	ی	ک	ا	ل	ر	ض	ا
ر	ر	د	پ	ل	م	ی	ک	ر	و	ف	و	ن	ه
ت	ا	ت	د	ذ	آ	ن	ل	م	آ	ق	ا	آ	پ

آلبوم
تصنیف
بخوان
خواننده
کلاسیک
ضبط
هارمونی
هارمونیک
ابزار
ترانه

ملودی
میکروفون
موزیکال
نوازنده
اپرا
شاعرانه
ریتم
ریتمیک
تمپو
آواز

53 - Météo

ض	ظ	ا	ق	س	غ	ف	چ	ق	ص	خ	د	خ	م
ی	د	ز	خ	ی	ذ	ذ	ت	ش	ن	ش	ر	ا	ص
ض	ث	ت	ر	ل	چ	ن	م	پ	ق	ک	ج	ئ	ص
ت	چ	ئ	م	ظ	ث	س	آ	پ	گ	ل	ه	غ	س
ک	ن	ا	م	ک	ن	ی	گ	ن	ر	ن	ح	ر	آ
ذ	ا	د	ئ	ن	ح	م	ی	ل	ق	ا	ر	ط	ح
م	م	ا	ر	ف	س	م	ت	ا	ز	ح	ا	ث	ض
ژ	س	ب	خ	ش	ک	س	ا	ل	ی	ا	ر	ذ	ظ
ج	آ	د	ا	ب	ث	غ	ن	س	ب	ن	ت	ک	آ
ذ	ژ	ر	چ	ب	ن	ک	ز	ع	ط	و	ف	ا	ن
ذ	خ	گ	ظ	و	ر	ذ	م	م	ق	س	ي	خ	ل
ش	ذ	س	ق	ط	ظ	ت	ظ	ا	ه	ک	ذ	ن	ژ
س	ذ	ث	ی	ر	ی	س	م	ر	گ	ف	ق	ق	ت
ج	ئ	ئ	ز	م	ف	ث	آ	آ	س	ی	ل	د	ق

ابر
قطبی
خشک
خشکسالی
درجه حرارت
طوفان
تندر
گردباد
گرمسیری
باد

رنگین کمان
اتمسفر
نسیم
مه
آرام
آسمان
اقلیم
یخ
مرطوب
سیل

54 - L'Entreprise

ئ	ض	ع	ع	ن	ق	خ	پ	ئ	آ	ش	ک	ص	س
ک	س	ب	و	ک	ا	ر	ط	ث	ح	ه	ی	ن	ر
ت	ک	ا	ی	ج	ل	ک	د	ر	ن	ر	ف	ع	م
ص	ن	ن	ج	خ	خ	ع	م	ظ	ا	ت	ی	ت	ا
م	ظ	م	ر	و	ن	د	آ	ا	غ	ت	ت	ف	ی
ی	ز	ز	ث	م	ب	پ	ر	ش	ث	ي	ج	ر	ه
م	ب	ظ	ث	ف	ض	ا	د	ف	ح	ئ	ه	ش	گ
خ	ل	ا	ق	ا	ن	ه	ئ	ا	ر	ا	ا	ی	ذ
ی	ا	ژ	م	ظ	م	د	ق	ث	ث	ع	ن	پ	ا
ئ	غ	غ	ح	ح	پ	ح	ض	ع	ی	ي	ی	و	ر
ی	ت	خ	ئ	ش	ص	ا	غ	ث	پ	ط	ف	ن	ی
ص	ش	ی	ج	ق	ن	و	ئ	ض	ژ	ئ	ث	س	ع
غ	ا	ث	ک	ج	خ	ض	ل	ط	ی	ق	ذ	ف	د
خ	س	چ	پ	و	ي	غ	ح	ر	ف	ه	ا	ی	ب

کسب و کار
خلاق
تصمیم
اشتغال
جهانی
صنعت
خلاقانه
سرمایه گذاری
امکان
ارائه

محصول
حرفه ای
پیشرفت
کیفیت
منابع
درآمد
شهرت
خطرات
روند
واحدها

55 - Gouvernement

آ	ف	ی	ی	ل	م	ی	ن	پ	د	ن	م	ا	د
ن	ت	س	ا	ی	س	د	ی	ئ	و	ظ	ت	ج	چ
ي	ل	ن	د	ي	ض	ا	ن	ک	ل	ر	ض	ک	پ
آ	ص	ز	ب	ص	ل	ق	و	ی	ت	ص	ش	چ	ع
ذ	ز	ف	و	ض	ل	ز	ن	س	ق	ض	ا	ی	ی
و	ی	ا	د	ف	ا	ح	ا	ا	ب	ئ	د	ن	ک
ظ	چ	ز	د	ا	ل	م	ق	س	ل	ذ	ي	ا	ع
ج	گ	ض	ی	ی	ق	ئ	ظ	ا	ئ	ط	ط	ر	د
ت	ظ	ط	ن	ژ	ت	ل	ي	ن	چ	ی	و	ن	ا
خ	ض	ض	ش	گ	س	ي	ذ	و	ص	ر	ئ	خ	ل
د	چ	ر	ط	ذ	ا	ن	ط	ن	ض	ئ	ي	س	ت
ت	ا	ب	ع	ی	ت	ی	س	ا	ر	ک	و	م	د
ب	ر	ا	ب	ر	ی	خ	آ	ق	و	ق	ح	ل	ص
ب	ح	ث	پ	گ	ا	خ	ژ	چ	ظ	غ	ک	ت	ا

تابعیت	قضایی
مدنی	عدالت
قانون اساسی	آزادی
دموکراسی	قانون
سخنرانی	یادبود
بحث	ملت
حقوق	ملی
برابری	صلح
دولت	سیاست
استقلال	نماد

56 - Art

س	ر	ا	م	ی	ک	ذ	ل	ی	غ	ذ	ل	ط	ا
ق	ع	س	ج	ا	ض	ذ	ج	ع	ی	ژ	ر	ع	ل
ز	ش	ا	س	و	ر	ر	ئ	ا	ل	ی	س	م	ه
پ	پ	د	م	ل	ک	ش	غ	ل	خ	ز	ح	ئ	ا
ع	ط	ه	ه	ص	ر	د	ر	ل	ح	ب	پ	ک	م
ت	ل	ژ	س	د	ع	ض	ع	و	ض	و	م	چ	گ
ت	ن	م	ا	د	آ	ژ	ت	پ	خ	ی	غ	ا	ر
ژ	ا	ج	ز	چ	ن	ی	ث	ع	ظ	ج	ث	ح	ف
پ	ی	چ	ی	د	ه	ط	ض	ش	غ	ص	ا	ص	ت
ا	ب	ئ	ظ	خ	غ	ع	ا	پ	پ	ل	ا	ش	ه
ي	ی	غ	ی	ل	ص	ا	ی	ث	ت	د	ع	غ	د
س	ک	ب	ص	ر	ی	و	ح	ص	ق	ژ	ع	و	ا
ق	ر	ز	خ	ح	پ	و	غ	ز	ی	ژ	ش	ژ	ح
ت	ت	ی	ش	ي	ز	ص	ح	ت	ب	ک	چ	ل	ث

اصلی
شخصی
شعر
مجسمه سازی
ساده
موضوع
سوررئالیسم
نماد
بصری

سرامیک
پیچیده
ترکیب
ایجاد
بیان
شکل
صادق
حالت
الهام گرفته

57 - Nutrition

ا	ف	ج	ص	گ	ز	س	ک	ذ	ا	پ	و	ی	خ
ش	پ	ز	ت	خ	م	ی	ر	ل	ت	غ	س	و	ف
ت	ل	خ	ش	ژ	ل	ا	ب	ژ	ظ	ش	ر	ذ	خ
ه	ت	ا	ع	ی	ا	م	و	ز	ن	ا	ي	ج	و
ا	ي	آ	ر	ی	س	ع	ه	خ	ک	ط	غ	ب	ی
خ	ظ	ل	ظ	ا	ک	ط	ی	ی	ث	ي	گ	ز	ت
ط	ا	س	س	ذ	ژ	چ	د	ش	ذ	ق	ی	ص	ا
ک	ت	م	ذ	غ	گ	غ	ر	ن	غ	ک	ئ	ن	م
گ	چ	ئ	ض	م	م	ا	ا	ی	و	خ	ا	ت	ی
چ	ع	غ	ت	ی	ت	د	ت	ی	ئ	ع	ص	گ	ن
ش	ح	د	ژ	ژ	ع	و	ی	ت	م	ا	ل	س	ئ
ت	ب	چ	ن	ر	ا	ی	ف	و	ط	ف	ط	ف	ن
غ	ئ	م	ل	ی	د	ه	ی	ر	ظ	ح	ذ	ک	ص
ط	و	ا	ض	ک	ل	ر	ک	پ	ت	م	ض	ه	پ

تلخ
اشتها
کالری
خوراکی
رژیم غذایی
هضم
ادویه
متعادل
تخمیر
کربوهیدرات

مایعات
وزن
پروتیین
کیفیت
سالم
سلامتی
سس
طعم
سم
ویتامین

58 - Science Fiction

ئ	ت	ل	ت	و	ه	م	ر	گ	ژ	س	چ	ی	ي
م	ع	ن	ح	ص	ژ	ذ	م	ف	خ	ن	آ	ح	پ
م	ف	ر	ط	ظ	ل	ئ	ا	ه	ب	ا	ت	ک	ن
آ	ل	ک	ا	ر	و	ا	ن	ژ	ژ	ر	غ	ص	پ
ی	م	ه	ر	ا	ی	س	ق	ذ	ت	ی	ط	چ	و
ن	د	ک	ت	م	ژ	ف	ل	م	ز	و	م	ر	م
د	ی	ش	ت	ک	ن	و	ل	و	ژ	ی	آ	گ	د
ه	ن	ا	ی	پ	و	ت	س	ی	د	غ	آ	ش	ظ
ن	ه	ن	م	و	ا	و	پ	ف	ط	م	س	ح	ن
گ	ف	ا	ض	ن	ر	ن	ف	ر	ط	خ	ط	ص	ل
ر	ا	ه	ف	ز	ی	ا	ف	آ	ت	ش	ر	ب	ظ
ط	ض	ج	خ	خ	ف	س	ت	ج	خ	ی	ا	ل	ی
ا	ل	ظ	ق	ط	م	س	ط	م	ا	ظ	ذ	م	ج
د	ه	ز	غ	ح	چ	ص	و	ف	ی	ر	آ	ب	ف

اتمی
سینما
دیستوپیا
انفجار
مفرط
آتش
آینده نگر
کهکشان
توهم
خیالی

کتابها
جهان
مرموز
اوراکل
سیاره
رمان
سناریو
تکنولوژی
مدینه فاضله

59 - Professions #1

ر	ا	گ	ن	ه	ش	ق	ن	ل	ف	ژ	و	ن	پ
و	و	ی	ر	ا	ی	ش	گ	ر	ب	ن	ک	و	ر
ا	غ	پ	ق	خ	ذ	چ	ط	ج	ق	ص	ی	ا	س
ن	ر	ا	د	ک	ن	ا	ب	د	د	ط	ل	ز	ت
ش	ه	ق	ب	س	ا	ن	ش	ن	ی	م	ز	ن	ا
ن	ا	آ	ص	ا	ش	ض	ک	م	ب	د	ژ	د	ر
ا	و	ت	د	ن	ي	ت	ه	ش	ر	ص	ک	ه	ی
س	ج	ش	ا	ش	د	ا	ل	ن	م	ی	ک	ت	ض
ع	ن	ن	م	ه	ز	ه	و	ا	پ	ز	ف	ل	ر
ی	ز	ش	پ	ر	ح	ئ	ل	د	ظ	آ	س	س	ت
ي	د	ا	ز	ا	پ	ی	ا	ن	ی	س	ت	ی	ض
ن	ذ	ن	ش	ت	ش	ک	ا	ر	چ	ی	س	م	ث
ا	غ	س	ک	س	ت	ی	ئ	ز	س	م	ر	ص	ص
د	ی	ج	پ	ز	س	چ	ج	ئ	ذ	ئ	ب	ط	ف

سفیر
ستاره شناس
وکیل
بانکدار
جواهر
نقشه نگار
شکارچی
رقصنده
مربی
ویرایشگر

زمین شناس
پرستار
دکتر
نوازنده
پیانیست
لوله کش
آتش نشان
روانشناس
دانشمند
دامپزشک

60 - Géologie

ن	غ	م	ف	م	ف	ر	س	ا	ی	ش	گ	ا	م
ع	ز	ذ	ش	ل	ب	ي	ا	ا	ل	ذ	د	س	و
س	ت	ا	و	ي	ا	ل	س	ل	ی	ذ	ا	ت	ا
آ	ت	ب	ز	ی	ئ	ت	ی	غ	س	ظ	ز	ا	د
م	د	ع	ذ	ذ	ص	ط	د	ا	ف	م	ه	ل	م
ا	س	ت	ا	ل	ا	ک	ت	ی	ت	ج	ق	ا	ع
خ	آ	د	ژ	ط	ش	ژ	ح	ض	ر	ص	ط	گ	د
ک	ل	س	ی	م	ط	ز	غ	م	ل	و	ن	م	ن
خ	ث	ض	ف	ه	گ	ت	د	ث	ص	ض	م	ی	ی
ا	و	ظ	گ	خ	ی	ر	گ	ن	س	چ	ر	ت	پ
ژ	آ	ت	ش	ف	ش	ا	ن	م	ي	پ	ج	ر	خ
آ	ث	غ	ش	س	ع	و	ل	ک	غ	ت	ا	د	ب
چ	ض	و	ل	آ	ط	ک	ه	ر	ا	ق	ن	پ	ک
گ	ن	ط	ف	ل	ا	ت	س	ی	ر	ک	ل	ذ	ع

اسید
کلسیم
غار
قاره
مرجان
لایه
کریستال
فرسایش
مذاب
فسیلی

گدازه
مواد معدنی
سنگ
فلات
کوارتز
نمک
استالاکتیت
استالاگمیت
آتشفشان
منطقه

61 - Cirque

ض	گ	ب	ش	ب	خ	ي	م	ف	ظ	ئ	ص	ی	پ
ر	د	ا	چ	ي	ب	گ	خ	ش	ی	ا	م	ن	غ
ی	ن	ل	غ	ظ	غ	ر	س	ع	ق	ل	ع	د	ژ
ش	ظ	ن	ک	ی	ح	ق	ط	ط	ی	ل	ب	ی	ا
ح	ی	و	ا	ن	ا	ت	ئ	ف	س	م	ع	د	آ
ل	ب	ا	س	چ	ج	غ	غ	ض	و	ی	ئ	ل	غ
غ	خ	ظ	ي	ز	ع	ا	خ	ک	م	م	د	ت	د
ي	ر	ض	ج	ا	د	و	د	ث	ث	و	ل	ئ	چ
ز	ص	و	ک	ب	ط	ع	ظ	و	ز	ن	ق	پ	چ
و	ظ	ر	ث	ه	ط	خ	ي	د	گ	ح	ک	ب	س
ل	ض	ژ	ت	د	د	ش	گ	س	ی	ر	ز	ک	ع
آ	ف	ه	ج	ب	س	ر	گ	ر	م	ک	ر	د	ن
ع	ق	گ	چ	ع	ظ	ز	چ	ن	آ	ی	ل	ر	ت
خ	ر	گ	ا	ش	ا	م	ت	ا	ب	و	ر	ک	آ

آکروبات
حیوانات
بالن
بلیط
دلقک
لباس
سرگرم کردن
فیل
شعبده باز
شیر

جادوگر
جادو
نمایش
موسیقی
رژه
میمون
دیدنی
تماشاگر
چادر
ببر

62 - Jardin

ش	ک	ن	ش	ب	ف	م	ج	آ	س	د	ت	ش	ا
و	ا	ر	غ	ن	آ	ل	و	ذ	م	ر	ا	ئ	ئ
ب	خ	د	ا	ی	و	ا	ن	ش	ي	خ	ک	ف	ش
ئ	م	ه	ب	ئ	گ	ل	ا	غ	ل	ت	ب	خ	ذ
غ	ی	گ	ي	ب	چ	ق	ب	ژ	گ	ن	ر	ث	ط
چ	ن	ج	ث	و	ی	ع	ژ	ا	ک	ث	گ	د	و
و	ز	ی	ط	ج	س	ل	ب	ر	ک	ه	ج	ز	ف
و	ف	س	و	ع	ل	ف	ه	ا	ی	ه	ر	ز	ت
ک	ن	ت	ر	ا	س	ی	ص	گ	پ	ح	ن	م	ی
ث	خ	چ	ص	ج	گ	ک	ي	س	ب	پ	ا	ث	ج
ک	ت	ک	م	ی	ن	م	پ	ی	خ	ض	ث	ت	ئ
ي	ا	ظ	ر	ن	ی	ل	و	پ	م	ا	ر	ت	ط
ظ	ظ	ط	ج	ن	س	ص	ی	ا	پ	خ	گ	س	ا
م	ز	ا	ب	ک	و	ل	چ	ی	ل	ل	ق	پ	ث

درخت
نیمکت
بوش
نرده
برکه
گل
گاراژ
بانوج
چمن
باغ

علف های هرز
بیل
ایوان
شن کش
خاک
تراس
ترامپولین
شلنگ
تاک

63 - Santé et Bien Être #1

ه	ق	ف	ز	س	آ	م	م	ث	ا	ذ	ر	غ	و
ع	و	چ	م	ج	ر	ت	ک	د	ش	ظ	ف	ظ	ی
ي	ی	ر	ت	ک	ا	ب	ی	ب	ل	ط	ل	ش	ر
ک	ک	ع	م	پ	م	ک	ظ	ز	ش	ت	ک	ک	و
م	ث	ن	ن	و	ش	س	ل	ا	ع	ف	س	س	س
پ	ک	ا	ئ	ز	ن	س	ث	س	ک	ط	ی	ت	و
د	ر	م	ا	ن	گ	ا	ه	ت	چ	ف	ک	گ	غ
د	ا	ر	و	خ	ا	ن	ه	خ	س	ض	ش	ی	ا
ی	ذ	د	ل	ب	ض	گ	ل	و	خ	و	ز	گ	ر
ض	س	ن	ث	ع	ف	و	ت	ا	غ	ا	پ	ن	ت
ر	ظ	ژ	ژ	ا	گ	س	ض	ن	ش	ي	د	س	ف
م	ک	م	ل	د	ح	ز	چ	ع	ف	ش	ن	ر	ا
ع	آ	ر	ذ	ت	ا	ل	ض	ع	ی	ئ	ب	گ	ع
خ	ر	ذ	ک	ج	د	ض	و	غ	گ	ت	ظ	ذ	خ

فعال	عضلات
باکتری	استخوان
درمانگاه	پوست
گرسنگی	داروخانه
شکستگی	وضعیت
عادت	آرامش
ارتفاع	رفلکس
هورمون	مکمل
دکتر	درمان
پزشکی	ویروس

64 - Barbecues

غ	ذ	پ	ص	ز	م	غ	ر	م	ن	د	خ	ق	چ
ب	گ	ض	گ	ج	ض	ج	ع	ی	ت	ا	ح	و	ب
پ	ی	ا	ز	ر	ژ	ع	ف	و	ج	ل	ه	ق	ف
ت	و	ع	د	ق	س	پ	س	ه	غ	ا	د	ا	س
ا	چ	ژ	ص	س	س	ن	ي	خ	ر	س	ا	چ	ر
ب	م	و	س	ی	ق	ی	گ	ع	ت	ق	و	گ	ئ
س	ب	م	ذ	ح	و	گ	ق	ی	ا	ج	ن	ذ	د
ت	ز	س	ذ	و	ن	ن	چ	ش	غ	ع	ا	م	ي
ا	ن	چ	ب	س	م	ر	گ	و	ث	ل	خ	ث	ئ
ن	ژ	ب	ش	ز	ک	ف	ر	چ	آ	ب	ج	د	ظ
چ	ن	گ	ا	ل	ی	ه	ی	ر	ش	ض	د	ث	ت
خ	خ	ب	ص	ف	آ	ج	ل	ط	ا	ا	ل	ض	ف
ژ	ب	ع	ث	ل	ت	و	ا	ذ	م	ذ	خ	ش	ش
ی	ت	ع	ز	ف	ظ	گ	ک	ت	ي	ق	ظ	ک	ک

داغ
چاقو
ناهار
شام
تابستان
گرسنگی
خانواده
چنگال
میوه
گریل

دعوت
سبزیجات
موسیقی
پیاز
فلفل
مرغ
سالاد
سس
نمک
گوجه فرنگی

65 - Animaux de Compagnie

و	س	ر	غ	د	ب	ک	س	و	ظ	و	خ	د	ئ
ز	ص	ن	ت	خ	م	ی	ق	ه	ح	ت	پ	ا	ک
ض	ط	ش	غ	ر	ظ	ث	ش	ج	ک	ض	چ	م	ض
ش	م	ص	ن	ن	ذ	ی	ا	ن	ش	و	گ	پ	ج
و	غ	ض	ج	ل	ئ	ج	ز	پ	ش	ی	پ	ز	ز
گ	ر	ب	ه	ا	م	ا	ه	ی	ع	ط	ش	ش	ح
ر	ث	آ	ی	ک	ب	چ	ه	گ	ر	ب	ه	ک	ر
خ	ر	ث	ش	پ	ر	آ	ظ	س	ف	گ	ف	ف	چ
ف	ج	ل	ج	ش	ت	ی	ت	و	ل	ه	س	گ	ج
ز	ی	ا	و	ت	س	ط	آ	ط	غ	ژ	س	ب	ا
ش	آ	م	ا	ر	م	و	ل	ک	ج	ذ	س	ز	ت
ج	ذ	ز	گ	خ	ه	ط	ا	ف	خ	پ	ا	ش	خ
چ	ط	ظ	گ	ئ	ج	ج	و	م	ب	ت	ئ	د	م
ب	خ	ن	ص	د	ع	چ	ف	ف	ت	ذ	ی	ر	س

گربه
بچه گربه
بز
سگ
توله سگ
یقه
آب
همستر
خرگوش
مارمولک

غذا
پنجه
طوطی
ماهی
دم
ماوس
لاک پشت
گاو
دامپزشک

66 - Forêt Tropicale

ا	ي	ل	گ	ن	ج	ج	ض	ژ	ث	ي	چ	د	ت
ق	ب	ب	و	م	ى	ا	ح	ت	ر	ا	م	و	ر
ب	ط	ر	ي	ج	ث	ل	ث	پ	و	ا	چ	ز	م
ف	ذ	و	ه	ن	ع	س	ص	ف	ح	و	م	ى	ى
ح	ص	ئ	ز	ا	ص	ک	و	ر	ح	ل	ص	س	م
ن	ف	ت	خ	پ	ت	ن	و	ع	ذ	ى	چ	ت	م
ض	خ	ظ	ف	ق	ذ	ک	ا	ش	ح	س	ض	ا	ي
ش	س	ى	ف	ه	و	ش	ن	ز	ا	ا	ر	ن	ط
ط	پ	س	ت	ا	ن	د	ا	ر	ا	ن	غ	ع	س
ح	ب	م	ص	ن	ط	م	گ	ا	ت	ش	ت	ظ	آ
ح	ث	ى	ذ	پ	ظ	ز	د	ا	آ	ه	ف	گ	ژ
ع	گ	ل	ع	ا	و	پ	ن	ب	ث	ا	ع	ذ	ا
ض	ذ	ق	ا	ت	ح	ش	ر	ا	ت	ى	ئ	چ	ر
ک	ب	ا	چ	ش	خ	ق	پ	ع	چ	گ	ي	ل	ک

طبیعت
ابرها
پرندگان
با ارزش
حفظ
پناه
احترام
ترمیم
بقا

دوزیستان
گیاه شناسی
اقلیم
انجمن
تنوع
بومی
حشرات
جنگل
پستانداران
خزه

67 - Ferme #1

ن	ض	ا	آ	ن	س	ر	ئ	ن	ض	و	ت	م	ر
ی	ن	و	ز	ز	غ	ه	ل	گ	ا	و	ژ	ش	ي
ژ	خ	آ	ذ	م	ق	و	پ	ج	ث	آ	ث	غ	ر
و	ژ	ت	ش	ت	ی	ه	ل	ا	س	و	گ	م	ج
ل	س	ع	ر	و	ب	ن	ز	چ	ت	گ	ح	ر	ی
ب	ز	گ	ن	ع	ن	ل	ه	ج	ن	و	ی	غ	ک
پ	ت	گ	ا	س	چ	ر	ب	د	و	ک	ف	ش	چ
ح	ج	ذ	ئ	آ	ئ	ت	ر	خ	ر	خ	ث	و	ر
ب	ر	ن	ج	ب	د	ژ	گ	ص	گ	ن	آ	ح	ت
و	ص	ص	د	گ	ت	ک	ش	ا	و	ر	ز	ی	ق
ط	غ	خ	ق	ع	ذ	غ	ی	ث	پ	ئ	ا	س	ب
پ	ز	چ	پ	ی	و	ع	ک	ل	ا	غ	آ	آ	ح
س	ح	ف	ر	غ	آ	ح	و	س	ش	م	ق	ب	ب
ک	ل	س	ب	پ	ي	چ	خ	ع	ظ	ن	ژ	ی	د

کلاغ
آب
کود
یونجه
عسل
مرغ
برنج
گله
گاو
گوساله

زنبور عسل
کشاورزی
خر
زمینه
گربه
اسب
بز
سگ
نرده
خوک

68 - Café

ش	چ	آ	چ	ص	ر	ط	ع	چ	ب	ج	خ	آ	ع
ز	ی	خ	ن	س	ت	ع	ک	ش	ت	ب	ک	ب	ر
ل	ک	ر	ض	ص	ل	م	ن	پ	ص	ث	ر	ح	ج
م	ئ	ا	ق	ب	ی	پ	ا	ت	ل	خ	م	ش	ر
ذ	ج	ش	ف	ح	ف	ئ	ا	ج	ب	ت	ض	چ	ف
ر	ص	ف	ظ	ئ	خ	ي	س	ش	ش	ن	ش	ی	ظ
م	ک	ب	ح	ذ	ی	گ	ی	چ	ش	و	پ	ن	ط
م	ظ	چ	گ	ش	خ	ن	د	ن	ق	ع	و	ط	خ
ن	و	ش	ی	د	ن	ی	ی	ذ	ب	ا	ق	ئ	م
آ	س	ی	ا	ب	ک	ر	د	ن	و	ن	ض	ع	ش
پ	گ	د	ص	ک	ک	ت	م	ی	ق	ئ	ي	غ	و
م	ج	ط	ش	ت	م	ژ	ا	ر	س	چ	ع	ئ	ق
ت	س	ی	ا	ه	ط	ی	ی	ف	چ	د	ط	ج	ح
م	ذ	ز	چ	ر	ز	ی	ع	د	ظ	ش	م	ل	ق

اسیدی
تلخ
عطر
نوشیدنی
کافئین
کرم
آب
فیلتر
شیر

مایع
صبح
آسیاب کردن
سیاه
قیمت
طعم
قند
جام
تنوع

69 - Antarctique

ث	ح	آ	ا	آ	ژ	ر	ع	و	خ	ق	ر	د	ئ
ژ	م	ص	خ	ک	ب	ن	ن	ذ	ل	ا	ج	ر	ص
ق	غ	ط	د	د	س	ذ	ا	ی	ی	ر	غ	ج	ص
چ	ف	د	ث	ذ	ر	پ	گ	ی	ج	ه	ر	ه	آ
س	و	ع	ق	ک	م	ق	د	ر	خ	و	ا	ح	د
ج	ن	س	ق	ق	ح	م	ن	ی	ض	ع	ف	ر	ص
ث	ه	ظ	ح	ر	ی	خ	ر	ا	ش	د	ی	ا	ئ
ن	ن	ض	ن	ل	ط	گ	پ	ز	ج	ن	ا	ر	ا
گ	گ	ع	ر	ش	ش	آ	ب	ج	ک	چ	ظ	ت	ب
م	ه	ا	ج	ر	ت	ح	ف	ا	ظ	ت	ج	ض	ر
ق	ژ	ئ	ل	ی	ل	ش	ج	آ	د	ا	پ	ا	ه
ع	ل	م	ی	ن	د	ع	م	د	ا	و	م	ن	ا
ر	ا	ک	ی	ف	ا	ر	گ	و	پ	و	ت	م	ز
ق	ز	گ	ش	ب	ه	ج	ز	ی	ر	ه	ي	ت	غ

خلیج
نهنگ
محقق
حفاظت
قاره
آب
محیط
اکسپدیشن
جغرافیا
یخ

جزایر
مهاجرت
مواد معدنی
ابرها
پرندگان
شبه جزیره
راکی
علمی
درجه حرارت
توپوگرافی

70 - Professions #2

ا	آ	س	ا	ن	ش	ر	و	ن	ا	ج	ک	ز	ب
ت	ر	آ	ج	ر	ا	ح	آ	ص	ک	ز	ت	ب	د
پ	ص	ب	آ	آ	ق	ق	ح	م	ک	ث	ا	ا	ن
ل	پ	و	س	ا	ن	ش	ت	س	ی	ز	ب	ن	د
ش	ت	ن	ی	د	ه	ح	غ	ض	ط	ر	د	ش	ا
ژ	پ	ي	ح	ر	ا	گ	ن	ر	ب	خ	ا	ن	ن
و	م	ق	ف	و	گ	آ	ج	ل	م	ئ	ر	ا	پ
م	ي	ق	م	ن	ا	ر	گ	م	ع	ا	ح	س	ز
ف	ه	ح	ک	ا	ر	ر	ت	ص	ل	ر	ب	ط	ش
ی	ئ	ن	چ	ض	ا	ئ	چ	ز	م	چ	ت	ط	ک
ل	ث	ح	د	ف	ک	خ	ل	ب	ا	ن	ب	خ	د
س	د	ي	ف	س	ش	ب	ا	غ	ب	ا	ن	ع	م
و	خ	ث	و	ئ	ز	پ	گ	ت	ي	ع	ک	ا	س
ف	ي	و	ق	ع	پ	ي	ت	و	ا	و	گ	ض	س

مخترع
باغبان
خبرنگار
زبانشناس
پزشک
نقاش
فیلسوف
عکاس
خلبان
جانورشناس

فضانورد
کتابدار
زیست شناس
محقق
جراح
دندانپزشک
کاراگاه
معلم
تصویرگر
مهندس

71 - Les Abeilles

ط	د	ش	ظ	ي	ع	ظ	ي	ر	ز	ا	ز	ش	خ
گ	ر	و	م	ط	ک	ا	ک	ژ	ی	ع	ی	ک	و
ن	ن	ذ	ل	ت	ن	و	ع	م	س	ظ	س	و	ر
ا	ذ	غ	ف	ب	ق	ش	ژ	ل	ت	ق	ت	ف	ش
ه	ز	ب	م	ف	ی	د	پ	ک	ب	ر	گ	ه	ی
ا	و	د	ا	گ	ص	و	ک	ه	و	ب	ا	و	د
ی	ص	ئ	ح	غ	ی	د	ا	د	م	ا	ه	ی	ف
گ	ث	ج	ک	ا	م	ق	ن	ر	م	ل	ئ	م	ض
ب	چ	ئ	ظ	ج	م	ز	ا	گ	و	س	ظ	ح	ب
گ	ر	د	ه	ا	ف	ش	ا	ن	م	و	ک	ف	ژ
ض	ي	ح	ن	ض	غ	ح	م	ع	ض	ف	ن	ع	چ
ک	ن	د	و	و	و	ک	ش	ط	ق	و	ر	غ	ي
ظ	ع	س	ل	س	ض	ش	ا	ذ	ز	ظ	ث	آ	ر
ن	ذ	ف	ع	گ	خ	ذ	ظ	ح	ش	ر	ه	ي	ش

بال
مفید
موم
تنوع
ازدحام
زیست بوم
شکوفه
میوه
دود
زیستگاه

حشره
باغ
عسل
غذا
گیاهان
گرده
گرده افشان
ملکه
کندو
خورشید

72 - Santé et Bien Être #2

ب	ز	ط	گ	چ	ک	ج	ز	ک	ک	ت	ئ	ئ	ژ
ه	ض	ق	ض	ث	م	ن	ی	م	ا	ت	ی	و	ن
د	ب	ض	ي	ع	آ	ب	م	ق	س	ل	ت	ن	ت
ا	ی	ي	ک	ص	ب	آ	گ	ث	ق	ذ	ر	پ	ی
ش	م	ش	م	ن	ی	م	و	ت	ا	ن	آ	ی	ک
ت	ا	ط	ن	و	ب	ع	خ	ا	ت	و	ق	ب	ي
ي	ر	ش	چ	و	د	ب	ف	غ	ا	خ	آ	ا	ث
ب	س	ص	و	آ	ن	د	م	و	گ	س	ل	ی	ب
س	ت	ا	ی	ژ	ر	ن	ا	خ	ن	پ	ر	ز	ح
چ	ا	ک	ش	ص	ک	ز	س	و	ئ	ت	ژ	ا	ج
خ	ن	ا	خ	ت	ب	و	ا	ح	ت	گ	ی	ب	ئ
ت	غ	ذ	ی	ه	ه	ک	ژ	ب	ی	م	ا	ر	ی
ف	ش	ا	ر	گ	ر	ا	ن	س	ا	ل	م	ظ	ک
پ	ث	ي	ن	خ	چ	ژ	ژ	ن	ژ	ئ	د	ن	ن

آلرژی
آناتومی
اشتها
کالری
بدن
کم آبی بدن
انرژی
ژنتیک
بیمارستان
بهداشت

عفونت
بیماری
ماساژ
تغذیه
وزن
بازیابی
سالم
خون
فشار
ویتامین

73 - Conduite

ن	ش	ش	س	ظ	ت	ز	ا	ل	د	ق	ش	ظ	پ
ش	ي	خ	ت	ن	ر	ر	ط	خ	گ	ض	د	آ	و
ج	ق	ص	آ	ع	ه	د	ا	ج	ا	غ	ذ	غ	ط
س	و	خ	ت	ث	س	د	ي	ف	ز	م	ر	ت	ز
ب	ل	س	ت	ن	ذ	ط	ق	د	ى	ق	خ	ب	ظ
ب	ت	چ	ق	ي	ط	غ	ف	ا	ث	ک	ئ	ص	ظ
ع	غ	ط	چ	ض	ظ	چ	ک	ص	ف	ک	ذ	ک	ک
ع	ن	ى	ش	ا	م	خ	ت	ت	ت	ز	ا	ض	ا
گ	ق	م	و	ت	و	ر	ت	ف	آ	و	م	م	م
ا	ش	ع	ا	ز	ذ	گ	ع	و	ئ	ج	ن	ژ	ى
ر	ه	س	ى	ل	پ	غ	ج	خ	ز	م	ى	ل	و
ا	آ	چ	م	ع	ا	ب	ر	پ	ى	ا	د	ه	ن
ژ	ل	ق	ن	و	ل	م	ح	ض	س	ر	ع	ت	ش
ج	ح	گ	ى	م	و	ت	و	ر	س	ى	ک	ل	ت

تصادف
کامیون
سوخت
نقشه
خطر
ترمز
گاراژ
گاز
مجوز
موتور

موتورسیکلت
عابر پیاده
پلیس
جاده
ایمنی
ترافیک
حمل و نقل
تونل
سرعت
ماشین

74 - Plantes

ل	و	ب	ی	ا	ي	ث	د	آ	پ	ج	ی	ز	ی
گ	ا	ذ	ج	ذ	ط	د	ر	چ	م	ن	ر	ش	د
ی	و	ر	ت	ن	پ	ئ	خ	ک	و	چ	ر	ع	ز
س	ن	ق	پ	س	ي	ی	ت	و	ت	ظ	ی	ک	ن
ا	خ	آ	خ	ع	ی	س	چ	ل	ط	ث	ش	خ	د
ن	غ	د	غ	گ	ظ	ب	ص	ک	ج	ب	ه	ز	گ
ش	ا	خ	و	ب	ر	گ	ش	گ	ن	ک	و	ه	ی
ه	ب	ژ	غ	ک	ي	ا	ذ	پ	گ	ئ	ب	ش	گ
ا	ص	گ	ع	ي	ق	ظ	ر	ح	ل	غ	م	گ	ی
ی	چ	ل	ک	ا	ک	ت	و	س	ي	چ	ا	ث	ا
گ	آ	ب	گ	پ	پ	ص	ن	س	چ	ط	ب	د	ه
ذ	خ	ر	ی	ا	د	ص	ض	ی	ع	ق	ض	ج	ی
ا	ص	گ	ذ	ي	ف	ل	و	ر	ج	ط	ط	ز	و
د	خ	س	ب	ج	گ	آ	ذ	ر	ژ	ث	ذ	ش	ن

درخت
توت
بامبو
گیاه شناسی
بوش
کاکتوس
کود
شاخ و برگ
گل
فلور

جنگل
رشد
لوبیا
چمن
باغ
پیچک
خزه
گلبرگ
ریشه
زندگی گیاهی

75 - Ferme #2

آ	ر	ا	س	ي	ي	و	ز	ر	و	ا	ش	ک	ض
ب	د	ط	ب	ص	ظ	ن	ئ	س	ج	ئ	س	ض	ا
ى	ي	ش	ق	ن	ف	ئ	ث	ى	ل	ذ	گ	ع	ل
ا	ى	ض	ئ	ز	ر	ژ	ج	د	ن	ف	س	و	گ
ر	ي	چ	ا	ن	ب	ا	ر	ه	ر	ب	ظ	ا	ژ
ى	ئ	غ	ذ	ا	ح	ح	ى	و	ذ	چ	ز	ئ	ژ
ق	ب	ل	غ	پ	ح	آ	ش	ل	ت	س	ب	ز	ى
ا	ق	ي	ا	و	ئ	ى	ژ	ز	ر	ک	د	ر	ا
م	ر	ج	ب	چ	ر	غ	و	ر	ذ	ژ	ا	ح	ز
ي	ى	خ	ئ	ک	ت	ز	غ	ا	ص	ق	ل	ر	ک
د	ل	و	گ	ن	د	م	ح	ز	ن	ظ	ک	ک	ت
خ	ا	س	ه	ح	ح	ن	ض	ن	ک	ا	ث	ع	چ
غ	م	غ	م	ک	م	ئ	چ	م	ص	غ	ت	ت	ع
پ	ا	س	و	ک	خ	ش	ر	چ	ح	د	ى	آ	ک

بره
کشاورز
حیوانات
چوپان
گندم
اردک
میوه
انبار
آبیاری
شیر

لاما
سبزی
ذرت
گوسفند
رسیده
غذا
جو
چمنزار
تراکتور
باغ

76 - Vacances #2

م	م	ب	س	د	ذ	ا	ژ	ق	ط	ا	ر	ط	ذ
گ	ق	ک	ط	ب	د	ع	پ	ي	ج	ذ	ژ	چ	ر
س	ب	ص	ع	ج	آ	ه	م	ا	ن	ر	ذ	گ	س
ج	آ	ث	د	و	ذ	چ	ر	ص	غ	ئ	ث	ق	ت
پ	ج	س	ث	ف	ف	ا	ز	ی	و	د	ط	ف	و
د	ر	ی	ا	ي	ت	د	ا	ث	ز	س	ر	ک	ر
ت	ظ	س	ض	ن	ع	ر	ئ	ث	گ	ج	ظ	م	ا
ي	ق	م	ط	ا	ط	ذ	ح	م	ج	د	و	پ	ن
ث	س	ن	خ	س	ی	ج	ر	ا	خ	ژ	ئ	ی	ژ
ر	ز	ر	و	ا	ل	ق	ن	و	ل	م	ح	ن	ط
س	ف	ه	ذ	ح	ا	ت	ا	ک	س	ی	ذ	گ	ج
ف	ر	ت	ش	ل	ت	غ	ا	ر	ف	ن	ق	ش	ه
ر	د	ل	ف	ر	و	د	گ	ا	ه	ض	ا	آ	و
ل	ق	ژ	ظ	ص	ز	ح	پ	س	ل	پ	ط	د	و

ساحل
رستوران
رزرو
تاکسی
چادر
قطار
حمل و نقل
تعطیلات
ویزا
سفر

فرودگاه
کمپینگ
نقشه
مقصد
خارجی
هتل
جزیره
فراغت
دریا
گذرنامه

77 - Éthique

چ	ض	ج	ه	خ	د	ی	پ	ل	م	ا	ت	ی	ک
ر	و	ع	م	ع	و	ظ	ا	م	ل	ظ	ح	گ	ئ
ل	و	ژ	ک	ف	ق	ش	ض	ح	ن	ج	ط	چ	گ
ذ	ئ	ي	ا	ف	ل	ل	ب	ت	ئ	ص	ب	ر	ج
ذ	ن	ف	ر	ب	ص	س	ا	ی	ا	غ	ش	ا	گ
ر	ش	ع	ی	ن	و	ن	ف	ن	ن	ع	ر	پ	ز
ک	ر	ا	م	ت	ق	ف	ش	ه	ی	ی	ی	ک	ش
م	ع	ق	و	ل	پ	پ	پ	ف	ئ	ت	ت	ی	ظ
م	ه	ر	ب	ا	ن	ی	ت	س	و	د	ع	و	ن
خ	ی	ر	خ	و	ا	ه	ق	ع	گ	ئ	خ	ي	ح
ا	ب	ع	چ	ش	ی	ی	ا	ر	گ	د	ر	ف	ک
ا	ح	ت	ر	ا	م	ز	د	ک	د	ت	ح	ا	م
ط	پ	و	ط	ي	ئ	غ	ص	آ	س	آ	ح	ع	ت
و	ا	ق	ع	گ	ر	ا	ی	ی	ش	آ	ح	ض	ز

نوع دوستی
خیرخواه
شفقت
همکاری
کرامت
دیپلماتیک
مهربانی
صداقت
بشریت
فردگرایی

یکپارچگی
خوش بینی
صبر
فلسفه
معقول
عقلانیت
احترام
واقع گرایی
حکمت
تحمل

78 - Temps

د	ی	ر	و	ز	د	ب	ن	ن	ژ	د	م	ب	ص
ع	د	ه	د	ن	ی	آ	ر	و	ز	ه	خ	ط	گ
ي	و	ظ	ق	ق	ر	ن	ق	ن	ک	ه	ح	ر	ط
ا	ز	ذ	ژ	ی	ث	ق	ب	ک	ژ	ژ	ئ	پ	و
ئ	ه	ئ	ذ	خ	ق	ز	ل	ا	ئ	ط	ر	ژ	ث
ص	ب	ث	گ	گ	ث	د	ا	گ	ش	ذ	ا	م	ا
ط	س	ت	ق	و	ی	م	ز	ف	ک	ک	ذ	ا	ک
ک	ب	ع	و	د	خ	ج	ش	ر	غ	ر	ف	م	د
ک	ل	ا	س	ض	ض	ر	ر	د	ا	س	ج	ف	ت
گ	پ	س	ظ	ش	ف	ب	ی	ا	ز	ب	ب	ئ	ظ
م	ا	ه	و	ت	ب	د	د	ث	گ	ص	خ	خ	د
ژ	و	د	ج	ع	ا	م	ر	و	ز	پ	ب	چ	ث
ض	ل	س	ق	ت	ف	س	ا	ل	ا	ن	ه	ح	ت
ه	ف	ت	ه	گ	ج	ذ	ت	ب	ف	ئ	ز	ر	ج

دیروز
روز
اکنون
صبح
ظهر
دقیقه
ماه
شب
هفته
قرن

سال
سالانه
امروز
قبل از
به زودی
تقویم
فردا
دهه
آینده
ساعت

79 - Maison

ا	ت	ا	ق	آ	گ	آ	خ	آ	پ	ب	ا	غ	ر
د	ش	ق	ض	ی	ا	ش	ش	ف	ک	ن	د	ش	م
پ	ی	د	ث	ن	ر	پ	و	آ	ت	ع	ج	و	ش
ت	ظ	و	ف	ه	ا	ز	م	ز	ا	ع	ئ	ر	ش
چ	ب	ذ	ا	غ	ژ	خ	ی	م	ب	ف	ي	ز	ه
ی	ی	گ	ک	ر	ش	ا	ن	آ	خ	م	ی	ن	ع
س	ج	ظ	آ	ن	ئ	ن	ه	ج	ا	ط	م	آ	ع
ظ	ح	ئ	ح	ر	ط	ه	پ	ئ	ن	و	م	ع	ض
ص	ق	ئ	ب	د	ل	ا	ر	ل	ه	ج	ا	ر	و
ل	ح	ی	ر	ه	گ	ر	د	ف	ز	ث	ت	ص	ا
ک	ل	ی	د	ه	ا	ف	ه	ک	ش	ع	س	ق	ف
ح	ث	گ	ژ	آ	ر	ر	ن	ز	ل	ا	م	پ	د
ط	ت	ف	ل	ق	ذ	ش	ز	ی	ر	ز	م	ی	ن
چ	ط	آ	ذ	ح	غ	ي	ل	ص	ذ	ح	پ	چ	ج

باغ
لامپ
آینه
دیوار
درب
پرده
کف
زیرزمین
فرش
سقف

جارو
کتابخانه
اتاق
شومینه
کلیدها
نرده
آشپزخانه
دوش
پنجره
گاراژ

80 - Légumes

ث	ر	س	ظ	ب	خ	ع	ک	ح	چ	ط	ض	ی	ک
ع	ی	ئ	گ	ش	ی	ش	ل	غ	م	ف	ق	گ	د
ر	ب	ي	ق	ب	ا	د	م	ج	ا	ن	ض	ن	و
ز	م	و	س	ی	ر	ا	ب	ذ	و	ل	ل	ر	ت
گ	ی	ی	ژ	ج	ج	ل	ر	ص	گ	آ	ت	ف	ن
ج	گ	ع	ع	ا	د	ا	و	ث	ژ	ب	ي	ر	ب
س	ن	ف	ص	ن	ب	س	ک	ظ	ا	ب	ق	گ	ل
ض	ر	گ	د	ف	م	ف	ل	ل	ی	ب	ج	ن	ز
ی	ف	ا	ن	س	ش	ر	ی	ت	ل	ذ	ت	ک	ل
ت	د	س	ش	ا	ص	ک	ر	ه	ن	و	ت	ی	ز
ظ	و	ز	ا	ی	پ	ب	ذ	و	آ	س	ا	ط	د
ف	خ	ق	ا	ر	چ	ج	ع	ی	س	ص	د	ع	ژ
ذ	ن	ي	ض	ه	ح	ل	ئ	ج	ز	ظ	ی	ت	ح
ع	ژ	ذ	ئ	ی	گ	ن	ر	ف	ه	ج	و	گ	ض

اسفناج
زنجبیل
شلغم
پیاز
زیتون
جعفری
نخود فرنگی
تربچه
سالاد
گوجه فرنگی

سیر
کنگر فرنگی
بادمجان
کلم بروکلی
هویج
کرفس
قارچ
کدو تنبل
خیار
موسیر

81 - Plage

ن	ص	پ	ل	ب	د	س	د	ف	ک	ئ	ت	ت	ا
ز	ت	ذ	و	ع	گ	ن	چ	ر	خ	ص	ا	ع	ل
ب	چ	ی	خ	س	ض	ش	ت	ت	ی	غ	ل	ط	ي
ح	گ	ه	ظ	ق	ت	ز	ف	چ	ب	ا	ا	ی	د
خ	و	ر	ش	ی	د	ه	ر	ن	آ	ئ	ب	ل	ث
ل	ئ	ی	ئ	ا	ی	ل	ک	ئ	ل	ک	ج	ا	ل
ت	م	ز	ع	ق	ح	و	غ	ر	خ	ق	س	ت	پ
ي	ی	ج	ض	ت	آ	ح	ا	س	ک	ل	ه	ل	غ
ت	پ	ه	د	ر	ی	ا	ی	ی	ز	د	ح	ک	ق
خ	م	گ	خ	ي	ز	پ	ر	آ	پ	ن	و	ا	ج
ا	ق	ی	ا	ن	و	س	غ	د	ح	ص	غ	ن	س
ف	ي	ذ	آ	ژ	ي	ش	ف	ي	ع	خ	ص	ا	س
ش	ث	ک	ص	ي	چ	ر	ض	ف	ل	س	ط	ا	ذ
ق	ا	ی	ق	ب	ا	د	ب	ا	ن	ی	س	و	ص

قایق
آبی
پوسته
ساحل
خرچنگ
اسکله
جزیره
تالاب
دریا

اقیانوس
چتر
تپه دریایی
شن
صندل
حوله
خورشید
تعطیلات
قایق بادبانی

82 - Famille

پ	م	پ	ي	س	خ	ب	ل	د	ط	ا	ض	ج	ص
ئ	د	ج	د	د	ل	د	ئ	و	گ	پ	د	ر	س
ئ	ظ	ر	س	م	ه	ش	ث	ق	و	گ	ت	و	ج
خ	ض	ذ	ی	غ	ض	گ	ر	ل	ذ	گ	ژ	خ	م
ئ	و	م	ب	ر	ا	د	ر	و	چ	ب	پ	د	گ
و	خ	ا	م	ا	د	ر	ر	ه	ا	و	خ	ل	ص
ظ	چ	ز	ه	گ	ن	ه	ظ	ا	آ	ی	و	ش	پ
ص	ف	ل	ئ	ر	ن	و	ل	ک	غ	ث	س	ع	م
ی	ک	ک	ف	ز	ز	ش	ه	و	ن	ل	د	ر	و
گ	د	ئ	ک	ب	ت	ا	ظ	د	ک	ژ	ت	پ	ف
و	پ	ا	خ	ر	ذ	ض	د	ک	ض	و	ی	ع	م
ی	ح	و	ر	د	ا	ک	خ	ه	آ	گ	د	ن	آ
ن	ط	ث	گ	پ	ض	غ	ظ	م	ي	ع	س	ک	ژ
م	ا	د	ر	ب	ز	ر	گ	ع	م	و	گ	ث	ی

جد
کودکی
کودک
همسر
دختر
برادر
مادربزرگ
پدربزرگ
دوقلوها

شوهر
مادر
خواهرزاده
عمو
پدری
نوه
پدر
خواهر
عمه

83 - Oiseaux

ا	ي	ظ	ع	ع	ف	ق	ظ	چ	ي	ر	ش	ا	ح
پ	ث	پ	ئ	ب	ا	ق	ع	و	ئ	خ	ط	ب	و
خ	ع	غ	ک	آ	خ	ف	ف	ج	ع	ع	ث	د	ا
غ	ض	گ	ظ	ی	ت	د	ز	ا	چ	و	ق	گ	ص
د	ط	ز	خ	ق	ه	پ	ن	گ	و	ئ	ن	ن	ی
ک	ل	ا	غ	ر	م	د	ا	ر	ا	ق	ا	ج	ل
ل	چ	غ	ظ	پ	س	ث	ک	ص	ژ	ن	ک	ش	ف
ک	ض	س	ق	د	و	ظ	و	ن	چ	س	ی	ک	ل
ل	ج	ذ	خ	ن	و	ش	ت	ی	ي	ع	ل	د	ا
ا	ر	د	ک	ک	ا	د	ت	ک	خ	ش	پ	ل	م
و	ل	ق	ع	ب	ط	ر	غ	ر	م	م	خ	ت	ی
و	ش	پ	ث	و	و	ت	ی	ک	م	ت	غ	ق	ن
ص	غ	ن	ل	ت	ط	ا	پ	ش	ذ	ر	ی	ظ	گ
ا	ث	گ	ق	ر	ی	گ	ج	ق	ش	و	غ	ص	و

عقاب
شترمرغ
اردک
قناری
لک لک
کلاغ
فاخته
قو
فلامینگو
حواصیل

پنگوئن
گنجشک
تخم مرغ
غاز
طاووس
طوطی
پلیکان
کبوتر
مرغ
توکان

84 - Disciplines Scientifiques

ع	ط	ش	ف	م	ش	ی	م	ی	ح	ج	ي	ث	ت
خ	ش	ی	ذ	خ	ک	آ	ن	ا	ت	و	م	ی	ر
ت	ت	ژ	ا	ی	س	ا	ن	ش	ی	ن	ا	ک	م
ب	ی	و	ش	ی	م	ی	ن	آ	ي	ن	س	ب	و
ا	س	ج	ز	ر	ث	س	ح	ی	ش	چ	ت	ل	د
ی	ا	ا	ب	و	د	ا	خ	ت	ک	ت	ئ	ن	ی
م	ن	م	ا	ا	ث	ن	ص	ژ	ن	ذ	و	پ	ن
و	ش	ع	ن	ن	ش	ش	ر	ق	ش	ج	پ	ث	ا
ن	ت	ه	ش	ش	ج	م	ذ	ق	ش	س	و	ب	م
و	س	ش	ن	ن	ق	و	ث	ژ	غ	ط	ض	م	ی
ل	ی	ن	ا	ا	د	ب	ا	ص	ع	ا	ئ	ب	ک
و	ز	ا	س	س	ف	ی	ز	ی	و	ل	و	ژ	ی
ژ	ض	س	ی	ی	س	ا	ن	ش	ه	ا	ی	گ	و
ی	ث	ی	ب	ا	س	ت	ا	ن	ش	ن	ا	س	ی

آناتومی
باستان شناسی
نجوم
بیوشیمی
زیست شناسی
گیاه شناسی
شیمی
بوم شناسی
ایمونولوژی
زبانشناسی
مکانیک
کانی شناسی
اعصاب
فیزیولوژی
روانشناسی
جامعه شناسی
ترمودینامیک

85 - Univers

ت	س	ا	ن	س	ا	ق	ا	ب	ل	ر	و	ی	ت
ا	ت	ت	ی	ی	ح	ب	ن	ل	خ	ش	ط	ل	د
ر	ا	م	م	ا	ه	ا	ا	ف	ق	س	س	ي	چ
ی	ر	س	ک	ر	ش	ل	م	ی	ی	ک	چ	ئ	ظ
ک	ه	ف	ر	ک	م	ق	س	ي	و	ع	و	چ	ظ
ی	ش	ر	ه	د	ث	ن	آ	پ	ع	ژ	چ	ج	چ
د	ن	ک	ا	ت	م	ا	م	غ	پ	ق	ي	ض	پ
ی	ا	ر	س	ج	ی	و	خ	و	م	ف	ح	چ	ژ
ش	س	ط	ت	ع	چ	ت	ق	ی	ن	ا	ه	ی	ک
ر	غ	ض	ل	و	ط	س	ز	ق	آ	ظ	ج	آ	د
و	ج	ن	ل	ز	ژ	ا	ژ	ض	خ	م	و	ج	ن
خ	خ	ی	ی	ا	ی	ف	ا	ر	غ	ج	ض	ر	ع
م	ص	ظ	و	ی	چ	م	ي	ک	ا	ی	د	و	ز
آ	ب	د	ژ	ز	ف	ک	خ	ک	ل	ش	و	ن	ب

عرض جغرافیایی
طول
ماه
تاریکی
مدار
خورشیدی
انقلاب
تلسکوپ
قابل رویت
زودیاک

سیارک
ستاره شناس
نجوم
اتمسفر
آسمان
کیهانی
استوا
کهکشان
نیمکره
افق

86 - Géographie

ش	ش	ئ	ن	ع	پ	ج	م	ي	ق	ض	گ	ا	ق
ن	م	ز	و	ش	ش	ه	ن	س	ش	ه	ر	ی	م
ی	ع	ه	ش	ق	ن	ا	ط	و	د	ت	و	ر	ا
م	ر	س	ح	ط	ح	ن	ق	ن	ف	ت	ش	د	ک
ک	ض	م	ق	ق	چ	ج	ه	ا	ئ	س	ک	و	ک
ر	ج	گ	ی	ا	ز	خ	ع	ی	ق	ل	م	ر	و
ه	غ	ت	ی	ی	ر	خ	گ	ق	ر	ط	ر	ف	ه
ظ	ر	ش	ر	ث	ح	ح	ج	ا	ي	ا	ت	ق	ن
ی	ا	ه	ر	ر	ی	ن	ا	ق	غ	خ	ط	ن	ر
ق	ف	ی	چ	ر	و	د	خ	ا	ن	ه	ر	ص	ظ
ب	ی	ج	ش	ب	ف	ض	ط	ر	ح	ئ	ت	غ	گ
ظ	ا	گ	م	ر	د	ئ	ب	ه	ی	ل	ج	ک	س
ج	ی	ر	ا	غ	ر	ا	ه	ن	ل	ا	ف	ص	ن
ب	ی	ف	ل	غ	ژ	ط	گ	م	گ	ژ	پ	گ	ب

جهان
کوه
شمال
اقیانوس
غرب
کشور
منطقه
جنوب
قلمرو
شهر

ارتفاع
اطلس
نقشه
قاره
رودخانه
نیمکره
جزیره
عرض جغرافیایی
دریا
نصف النهار

87 - Danse

س	ز	ژ	ع	ر	ن	ه	ن	د	ل	ی	ب	ز	غ
ص	ش	ش	پ	غ	س	خ	ک	ن	گ	ر	ی	س	ک
ت	ژ	ل	ع	ر	ص	ا	ا	ب	ف	ص	ق	ر	غ
گ	ل	خ	د	ز	ش	ب	ن	ج	گ	ب	ی	چ	ژ
ز	ش	گ	چ	ض	ئ	ل	ب	ي	ب	ع	س	پ	ق
ر	ا	ح	س	ا	س	ا	ت	ع	آ	ز	و	ث	د
ذ	گ	ل	و	ئ	و	پ	چ	ظ	ص	ظ	م	ل	چ
ب	ن	آ	ض	ک	ل	ا	س	ی	ک	ش	ر	ی	ک
ج	د	گ	ع	ک	و	ي	م	ت	ی	ر	گ	م	س
ع	ا	ن	ی	ر	م	ت	ث	ن	غ	ق	و	د	د
ح	ش	ه	ت	ل	ژ	ع	ي	س	ژ	ز	چ	ا	م
ش	ص	ر	ط	آ	ج	ي	ا	آ	ذ	ض	ش	ک	ح
غ	ظ	ف	ف	ر	ه	ن	گ	ی	ک	ب	ح	آ	ک
ذ	ر	خ	ط	ذ	ن	ت	ق	ح	ئ	س	ئ	ک	ر

آکادمی
هنر
رقص
کلاسیک
بدن
فرهنگ
فرهنگی
رسا
احساسات
گریس

شاد
جنبش
موسیقی
شریک
وضعیت
تمرین
ریتم
پرش
سنتی
بصری

88 - Bâtiments

ض	ک	ذ	ت	ش	ظ	ث	ا	س	و	ژ	ق	ظ	ک
ر	ا	س	ی	ن	م	ا	ن	و	ر	ف	پ	ش	ا
ص	ب	ف	چ	غ	پ	گ	ب	پ	ز	غ	م	ذ	ر
د	ی	ا	ص	ظ	چ	ئ	ا	ر	ش	ش	ی	ش	خ
خ	ن	ی	ب	ع	ق	س	ر	م	گ	ض	ح	پ	ا
ا	ح	ط	س	آ	ب	ف	ج	ا	ا	ع	غ	ژ	ن
ن	ا	آ	ف	آ	ج	ا	ظ	ر	ه	ع	ل	ق	ه
ه	ز	و	م	پ	خ	ر	ج	ک	ب	ش	ط	ث	ل
س	ن	ع	گ	ا	ظ	ت	د	ت	ض	پ	ط	ک	ت
ر	م	ئ	ا	ر	آ	ز	م	ا	ی	ش	گ	ا	ه
د	ا	گ	ر	ت	د	د	ا	ن	ش	گ	ا	ه	س
م	ی	گ	ا	م	ث	ا	ح	ح	م	ذ	ح	ب	ي
ض	ش	ط	ژ	ا	ش	غ	چ	ق	آ	ت	ئ	ث	س
ژ	ب	ئ	ن	ا	ن	ت	س	ر	ا	م	ی	ب	ب

سفارت
آپارتمان
کابین
قلعه
سینما
مدرسه
گاراژ
انبار
بیمارستان
هتل
آزمایشگاه
موزه
رصدخانه
ورزشگاه
سوپرمارکت
چادر
نمایش
برج
دانشگاه
کارخانه

89 - Activités et Loisirs

ج	س	ط	غ	ف	م	ل	ا	ب	ت	ک	س	ب	ق
ژ	ض	د	د	ز	ا	ش	خ	ب	ش	م	ا	ر	آ
ر	ح	ژ	ت	ژ	ه	ا	ص	ت	س	پ	ژ	ن	ک
ي	ا	ذ	ب	ج	ی	ی	ن	ک	ب	ی	ض	ه	م
ا	ک	گ	آ	ق	گ	م	ظ	ت	ج	ن	ک	ط	س
غ	و	ا	ص	ی	ی	ر	و	ز	ژ	گ	ي	ع	ا
پ	ح	ش	ظ	ش	ر	گ	و	ج	ع	ض	ح	گ	ب
ش	ی	ل	آ	ا	ی	ر	ش	ق	س	ک	و	ب	ق
ر	ن	ا	خ	ق	چ	س	ی	ن	ت	و	ز	ض	ه
ذ	ا	ب	د	ن	ج	ي	و	ق	ا	ک	ا	ب	ک
خ	ب	س	ل	ه	ژ	ط	ي	ش	د	ک	پ	ر	ف
گ	غ	ی	ف	ئ	ر	ئ	ظ	خ	ت	ج	ر	ا	ی
ل	ا	ب	ت	و	ف	و	س	ف	ر	ط	ش	د	ش
ف	ب	ن	ل	ل	ا	ب	ی	ل	ا	و	ی	ن	ن

سرگرمی
نقاشی
ماهیگیری
غواصی
پیاده روی
آرامش بخش
موج سواری
تنیس
والیبال
سفر

هنر
بیسبال
بسکتبال
بوکس
کمپینگ
مسابقه
فوتبال
گلف
باغبانی
شنا کردن

90 - Livres

س	ر	غ	ح	ب	ل	م	ز	ز	ع	ن	ث	و	ر
ث	ا	ی	خ	ی	ر	ا	ت	ا	ن	ر	م	ا	ن
ط	و	ب	ر	م	ظ	ج	ل	د	و	ط	ض	چ	ئ
ن	ی	ر	ف	ص	ذ	ر	ع	ش	ی	ز	ع	د	م
و	م	ز	ی	گ	ن	ا	م	غ	س	ب	ف	ب	د
ش	ث	ز	ژ	چ	خ	ج	چ	ع	ن	س	د	ف	ب
ت	م	آ	د	ف	ح	و	گ	ل	د	ب	ر	ا	ا
ه	ب	ب	ظ	ر	ش	ی	گ	ي	ه	ج	ض	ی	ف
ش	ت	ف	ي	چ	پ	ی	م	ج	م	و	ع	ه	ت
د	ک	د	و	گ	ا	ن	گ	ی	د	ذ	ن	س	ظ
ه	ر	پ	ز	ت	ص	ق	ی	چ	د	ز	ح	ا	ئ
ت	ي	ف	ج	ر	ص	و	ي	د	ئ	د	ت	م	ق
خ	و	ا	ن	ن	د	ه	ح	ف	ص	س	خ	ح	ژ
د	ا	س	ت	ا	ن	ي	ظ	ذ	ش	س	ق	ش	ط

نویسنده
ماجراجویی
مجموعه
بافت
دوگانگی
نوشته شده
حماسه
داستان
تاریخی
طنز

مبتکر
خواننده
ادبی
راوی
صفحه
مربوط
شعر
رمان
سری
غم انگیز

91 - Pays #2

س	و	د	ا	ن	د	ا	و	گ	ا	ن	د	ا	ي
ک	چ	ت	ح	س	و	ا	ل	ژ	ا	پ	ن	ا	ذ
ن	آ	ا	ض	پ	و	ق	ن	ا	ن	ب	ل	و	ه
ی	چ	ن	چ	ا	ی	ر	پ	م	ا	ص	آ	ک	ا
ا	ی	د	ع	ک	آ	و	ی	ا	ا	غ	ي	ر	ئ
ذ	ن	و	ق	س	ف	م	ظ	ه	ی	ر	خ	ا	ی
ج	ژ	ن	ژ	ت	م	ک	ز	ی	ک	ر	ک	ی	ت
ا	ب	ز	ظ	ا	آ	ل	ب	ا	ن	ی	ل	ن	ی
م	چ	ی	ج	ن	ف	ر	ا	ن	س	ه	غ	ن	و
ا	ف	ن	ع	ش	د	ر	د	ض	ب	ع	ت	ي	د
ئ	د	پ	ح	ض	ت	و	د	ز	گ	آ	م	ض	ي
ی	ل	ا	م	و	س	س	خ	ر	ا	ط	ح	ر	ذ
ک	ث	ب	خ	ز	ر	ی	د	ف	ی	ی	ل	ل	ک
ا	د	ض	پ	ر	ق	ه	ی	ل	س	ر	ص	گ	ض

آلبانی
چین
دانمارک
فرانسه
هائیتی
اندونزی
ایرلند
جامائیکا
ژاپن
کنیا
لاوس
لبنان
مکزیک
اوگاندا
پاکستان
روسیه
سومالی
سودان
سوریه
اوکراین

92 - Jazz

م	ظ	ز	ئ	ج	ض	ه	آ	ه	ن	گ	س	ا	ز
و	و	ح	و	د	ق	ا	ن	د	ي	چ	د	ط	ع
ب	ذ	س	ض	ی	ص	و	ئ	ر	ر	ی	ر	ژ	ئ
ل	ق	و	ی	د	ي	خ	س	ت	م	ه	ا	ش	ض
آ	پ	ل	م	ق	ب	ل	ب	س	ق	ن	م	ش	گ
ت	ک	ن	ی	ک	ی	د	ک	ک	د	ا	د	ظ	ع
ت	ا	ک	ی	د	ک	د	ا	ر	ی	ر	ا	ب	ک
ی	خ	و	ط	ش	ر	ر	ن	ا	م	ت	د	آ	ظ
آ	آ	ر	د	ج	ت	ا	ف	ل	ی	چ	ع	ت	ب
ث	ص	م	ک	د	ز	و	ر	ر	پ	غ	ت	پ	ف
غ	ق	ش	م	ظ	ج	م	ا	ا	ی	آ	س	غ	ق
آ	خ	ه	ه	ا	د	ب	د	ن	ش	ت	ا	غ	م
ا	ط	و	ض	و	ت	ک	ی	ت	م	ع	م	ی	گ
د	ئ	ر	ک	ن	س	ر	ت	ا	خ	چ	ی	س	ط

موسیقی
جدید
ارکستر
ریتم
انفرادی
سبک
استعداد
درام
تکنیک
قدیمی

تاکید
آلبوم
هنرمند
مشهور
ترانه
آهنگساز
ترکیب
کنسرت
موارد دلخواه
بداهه

93 - Paysages

د	غ	ق	ژ	ک	ک	خ	ق	ی	ا	ت	س	ی	ج
ر	ق	ا	چ	و	آ	و	و	ض	آ	ن	ا	خ	ز
ی	ز	ل	ر	ی	غ	ت	ه	ر	د	د	ح	چ	ی
ا	پ	ت	ی	ر	ع	ف	و	ی	خ	ر	ل	ا	ر
چ	ژ	ا	ث	گ	ق	ب	ک	ظ	خ	ا	ز	ل	ه
ه	ص	ب	ص	ح	ب	ي	ل	م	ف	ئ	ز	ق	ن
ش	ب	ه	ج	ز	ی	ر	ه	د	ض	ت	گ	ب	ا
س	ث	ح	د	ن	ظ	ض	پ	ر	ص	ت	ک	د	خ
ث	ر	ا	ا	ع	ن	ل	ت	ی	ق	ذ	ش	خ	د
ا	س	و	ن	ا	ی	ق	ا	ا	ی	پ	ئ	ج	و
آ	ت	ش	ف	ش	ا	ن	گ	ز	ن	ط	خ	م	ر
آ	ب	ش	ا	ر	ض	ص	د	ج	س	ع	ک	ف	خ
ث	پ	و	ع	ث	آ	ت	ي	ش	د	ف	ت	و	ش
د	ک	آ	غ	ج	ب	گ	ی	ص	ز	م	ی	ي	ج

آبشار
تپه
کویر
خور
رودخانه
یخچال
غار
کوه یخ
جزیره
دریاچه

باتلاق
دریا
کوه
واحه
اقیانوس
شبه جزیره
ساحل
تندرا
دره
آتشفشان

94 - Pays #1

ا	ف	غ	ا	ن	س	ت	ا	ن	ظ	ز	ض	ع	ف
م	ن	ض	س	چ	ی	ي	ا	س	پ	ا	ن	ی	ا
ا	ش	ک	ر	و	آ	ش	خ	ف	ا	ش	ل	ن	ذ
ن	ث	ز	ا	س	ل	ج	ظ	پ	ک	ی	ی	ا	ل
ا	چ	خ	ی	ش	ی	ئ	ع	ن	پ	ص	ز	م	ی
پ	ي	خ	ی	خ	ب	غ	د	ی	س	غ	ر	و	و
ل	گ	ئ	ل	گ	ی	ش	ن	د	ن	ک	ب	ر	غ
ر	و	د	ا	و	ک	ا	ا	ن	ا	ت	س	ه	ل
د	ب	ن	چ	ا	ف	ظ	ل	ص	د	ک	ي	ذ	ئ
ع	ظ	ه	ر	س	ق	ط	ن	ج	ا	ث	د	ط	ی
ج	پ	م	ژ	و	ر	ن	ف	ک	ن	ی	ل	ا	م
ج	ن	ی	ت	ن	ا	ژ	ر	آ	ا	آ	م	د	چ
ن	ض	ا	ل	ئ	و	ز	ن	و	ک	ی	م	چ	س
ض	ذ	غ	ن	ا	م	ل	آ	ا	گ	د	چ	ر	د

افغانستان
آلمان
آرژانتین
برزیل
کانادا
اسپانیا
اکوادور
فنلاند
هند
اسرابیل

لیبی
مالی
مراکش
نروژ
پاناما
فیلیپین
لهستان
رومانی
ونزوئلا

95 - Nombres

ح	ذ	ا	د	ئ	ف	خ	ب	س	ج	ق	س	ي	ث
ش	ا	ع	ش	ا	ر	ى	ى	ى	و	س	م	د	ر
ش	ا	آ	ي	خ	ف	ز	س	ز	ش	د	ن	د	ژ
م	ا	ن	آ	ن	ص	د	ت	د	ب	گ	چ	ا	پ
ى	غ	ا	ز	ح	ز	ب	ش	ه	د	ج	ه	ت	ا
ب	ل	ت	ن	د	پ	ض	ه	د	ح	و	ا	ل	ن
پ	ي	ف	ز	ب	ه	ه	ت	ک	م	ظ	ر	ن	ز
ث	ي	ح	ش	ژ	ک	چ	ف	ب	ذ	ب	م	ه	د
ذ	ر	و	م	ق	ز	ف	ه	د	ز	ن	ف	ک	ه
ج	چ	ه	ا	ر	د	ه	ا	د	ه	ب	ش	ف	ب
ن	و	ز	د	ه	س	ه	د	ز	ا	و	د	ق	ح
پ	ش	ژ	گ	پ	ظ	غ	خ	غ	و	چ	ن	د	ظ
و	س	و	ژ	ط	ذ	ط	غ	ف	ق	ذ	ي	ظ	و
ظ	ئ	س	ى	گ	ت	د	ف	چ	ئ	گ	س	ل	ح

پنج
دو
اعشارى
ده
هجده
نوزده
هفده
دوازده
هشت
نه

چهارده
چهار
پانزده
شانزده
هفت
شش
سيزده
سه
بيست
صفر

96 - Psychologie

ک	و	د	ک	ی	ک	گ	ي	ق	ا	ا	و	د	س
ک	ر	ع	ط	و	ج	ض	و	ر	ر	ف	ا	ر	ح
چ	ی	د	ش	ن	ا	خ	ت	ا	ز	ک	ق	م	گ
ي	ث	ک	ر	غ	م	ی	آ	ر	ی	ا	ع	ا	ل
ظ	س	ژ	ک	گ	ب	خ	ط	م	ا	ر	ی	ن	ظ
غ	ن	ک	ث	چ	ی	ئ	ي	ل	ب	غ	ت	ب	ن
ب	ر	ط	خ	ک	ا	ر	د	ا	ی	ژ	ی	ق	ا
ت	ا	ر	ف	ت	ا	ر	ی	ق	ن	ظ	ص	ط	خ
ل	ج	ح	ث	ژ	ب	ق	ژ	ا	ی	ا	خ	ش	و
ئ	ز	ر	س	ا	س	ح	ا	ت	ل	ک	ش	م	د
ض	د	ئ	ب	ا	ن	ئ	چ	ع	ا	ع	ب	خ	آ
ی	د	ا	ف	ی	س	ف	ن	ذ	ب	ا	ط	ح	گ
ي	ص	چ	چ	ی	ا	ا	ه	ا	ی	و	ر	د	ا
ص	آ	ض	گ	ا	ر	ت	ت	ی	ص	ف	س	ی	ه

بالینی
شناخت
رفتار
درگیری
نفس
کودکی
تجربیات
احساسات
ارزیابی
ناخودآگاه

افکار
ادراک
شخصیت
مشکل
قرار ملاقات
واقعیت
رویاها
احساس
درمان

97 - Nature

ح	چ	ض	ئ	ص	ل	ح	ج	ه	ج	آ	ي	د	ف
گ	ر	م	س	ی	ر	ی	ک	ن	ر	ک	خ	ض	ش
ب	ق	ج	ذ	ن	آ	و	و	ا	گ	خ	ش	ا	ی
ز	ن	ب	و	ر	ه	ا	م	خ	ه	م	خ	ی	ا
غ	ل	س	ص	غ	خ	ن	ط	د	ل	و	م	و	س
ر	ج	ض	ت	ش	گ	ا	ئ	و	ب	ک	ز	پ	ر
ذ	ر	و	ت	ظ	ک	ت	ع	ر	چ	ک	ئ	د	ف
ه	ا	گ	ه	ا	ن	پ	گ	ي	غ	ر	آ	ث	ح
ک	چ	غ	ط	ل	ا	چ	خ	ی	ی	ش	ح	و	ی
ط	ث	پ	ن	ا	ه	ذ	ی	ت	ط	ق	ب	ن	ا
ش	م	ک	و	ی	ر	ا	ن	ذ	چ	د	خ	ر	ت
ظ	ح	غ	ق	ي	ب	ظ	ر	چ	و	ع	س	ن	ی
ر	آ	ق	ص	ی	ا	ژ	ا	ق	ي	ش	ئ	ر	س
ح	ا	ک	ز	ق	ط	ب	ش	م	ا	ل	گ	ن	ج

زنبورها
پناه
حیوانات
قطب شمال
زیبایی
مه
کویر
پویا
فرسایش
شاخ و برگ

رودخانه
جنگل
یخچال
ابرها
صلح
پناهگاه
وحشی
آرام
گرمسیری
حیاتی

98 - Chimie

ح	ذ	ش	ق	ک	ش	ذ	آ	ف	ی	ق	ل	ش	ع
گ	ر	ل	ک	ل	ط	خ	ن	ز	ل	آ	ج	ن	خ
ی	و	ا	ط	ب	چ	ض	ک	ر	و	ز	ن	و	ی
ک	ز	ف	ر	س	ر	ق	ب	ع	ک	ئ	ا	ر	ا
ع	ی	ا	م	ت	ا	ل	آ	ل	ل	م	ش	ت	ه
ه	ل	د	ئ	ض	ط	ی	ن	ک	و	ع	س	ک	ت
ی	ا	ر	ت	ظ	ا	ا	ز	گ	م	ف	ی	ل	س
د	ت	ج	ئ	پ	س	ی	ی	ت	س	ن	پ	ا	ه
ر	ا	ه	ش	ز	ی	ی	م	ت	ا	ک	ر	ب	ن
و	ک	ح	ض	ي	د	ا	ک	س	ی	ژ	ن	ن	ح
ژ	ب	ر	س	ي	د	ح	م	و	ن	م	و	ز	ن
ن	خ	ا	و	ع	چ	گ	ا	ز	ئ	ح	ژ	ل	د
س	ل	ر	غ	ک	م	گ	ط	ک	ف	م	ق	ر	پ
ت	ي	ت	ض	ص	ب	ظ	ش	و	ژ	پ	ف	ح	ق

اسید
قلیایی
اتمی
کربن
کاتالیزور
حرارت
کلر
آنزیم
الکترون
گاز

هیدروژن
یون
مایع
فلزات
مولکول
هسته ای
اکسیژن
وزن
نمک
درجه حرارت

99 - Bateaux

م	ق	ى	ا	ق	س	ي	ب	چ	م	چ	ذ	ظ	ئ
ش	ا	و	ى	ث	ژ	ژ	ي	ح	ئ	ل	ر	ى	و
و	ى	غ	ر	و	م	و	چ	ح	ف	ج	و	ى	ز
ث	ق	ث	د	ل	ص	م	ئ	و	گ	ض	ت	ا	ه
ئ	ر	س	ث	ح	ف	ط	غ	چ	ز	ب	و	ى	ن
س	ا	د	پ	و	چ	ر	گ	ن	ل	ح	م	ر	ا
و	ن	ک	خ	و	ل	ک	ى	پ	ک	ش	ن	د	خ
ن	ى	ل	د	ا	م	و	ا	ج	ا	ن	ف	م	د
ا	ط	ا	م	ط	ن	ا	ب	خ	ى	ا	ئ	و	و
ى	س	ن	ه	چ	ا	ى	ر	د	ا	و	ت	ر	ر
ق	ض	ک	چ	ز	ک	ط	ا	س	ک	ر	ج	ز	ژ
ا	ف	پ	ل	ش	ط	ض	ذ	ذ	ر	گ	ح	ج	ا
ج	م	ص	ث	ه	ک	ث	و	و	غ	ط	ت	ق	خ
ق	ا	ى	ق	ب	ا	د	ب	ا	ن	ى	ج	چ	ذ

جزر و مد
ملوان
دکل
دریا
موتور
دریایی
اقیانوس
قایق
امواج
قایق بادبانی

لنگر
شناور
قایق رانی
طناب
اسکله
خدمه
فری
رودخانه
کایاک
دریاچه

100 - Mesures

س	ع	و	س	ث	ظ	ف	ز	ح	ج	ت	خ	خ	ي
ا	ش	ت	م	ل	ج	گ	د	ي	ت	ى	گ	ا	ز
ع	ت	خ	غ	ا	ي	گ	ح	ک	ث	چ	ئ	ر	خ
ش	ک	ى	ل	و	گ	ر	م	ى	ط	و	ل	ت	ئ
ا	آ	ز	ا	و	ز	ن	ر	ل	ط	ح	ف	ف	ا
ر	ي	ذ	پ	ب	ط	ش	گ	و	و	ت	د	ا	گ
ى	م	ر	ل	ى	ت	ر	ن	م	ح	ص	چ	ع	د
ع	ب	ت	ل	ب	د	ظ	گ	ت	ص	د	ر	ج	ه
ج	ر	م	د	ق	ى	ق	ه	ر	آ	ح	ل	ت	چ
گ	ز	ى	ش	ا	م	ئ	غ	ص	چ	ک	ق	ن	ع
ح	چ	ت	ل	و	ث	ع	ژ	غ	ف	غ	خ	ل	ق
ح	د	ن	ذ	ن	ع	ف	ج	گ	ش	پ	ج	ن	ز
ي	ب	ا	ى	س	ر	ذ	ض	ژ	خ	ر	ط	ص	ز
آ	ي	س	ث	ا	ض	آ	ف	ب	ب	ن	م	ت	ر

سانتیمتر
درجه
اعشاری
گرم
ارتفاع
کیلوگرم
کیلومتر
عرض
لیتر
طول

جرم
متر
دقیقه
بایت
اونس
وزن
اینچ
عمق
تن

1 - Adjectifs #2

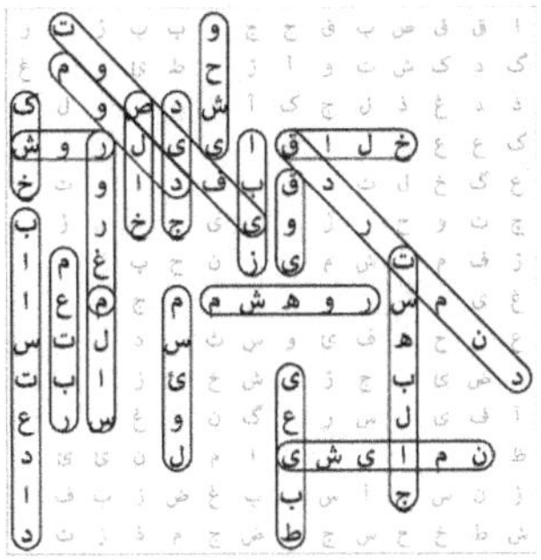

2 - Formes

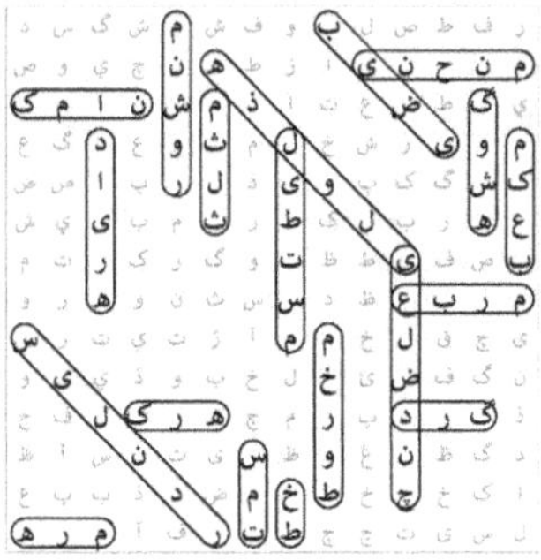

3 - Force et Gravité

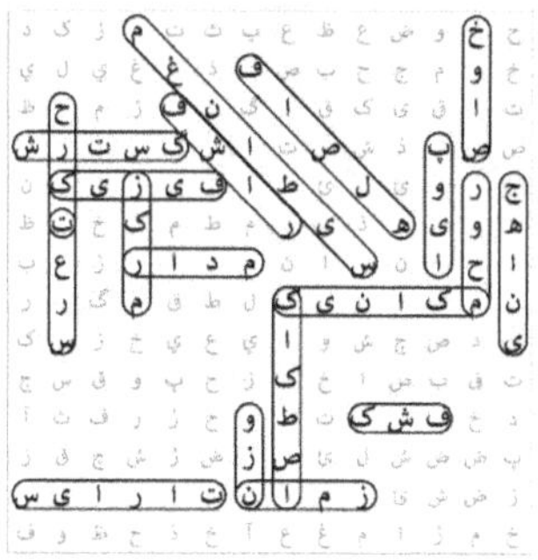

4 - Adjectifs #1

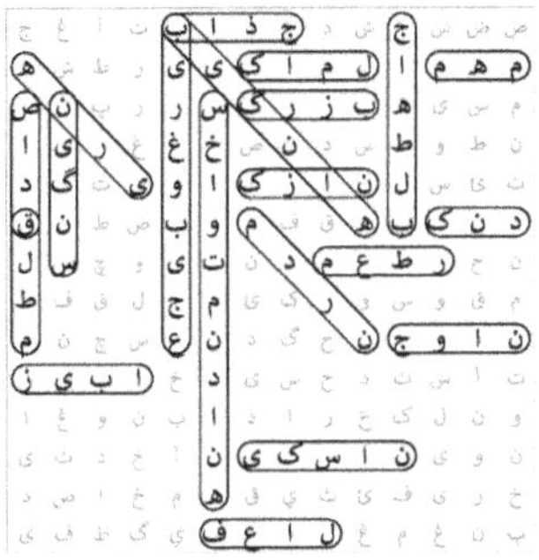

5 - Herboristerie

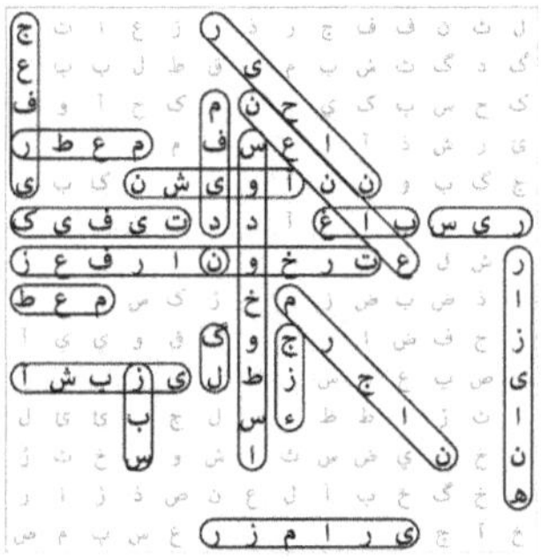

6 - Véhicules

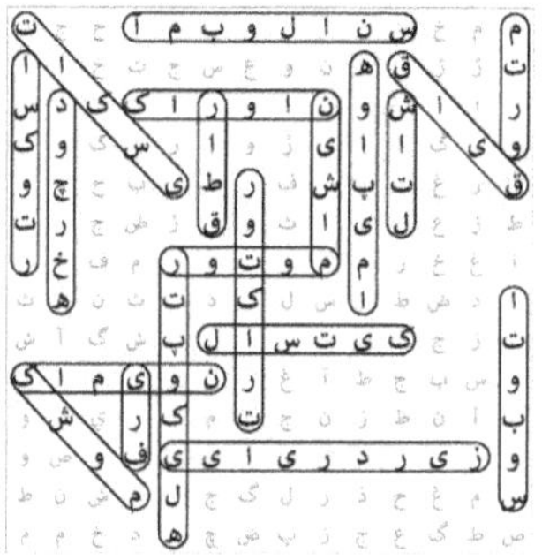

7 - Camping

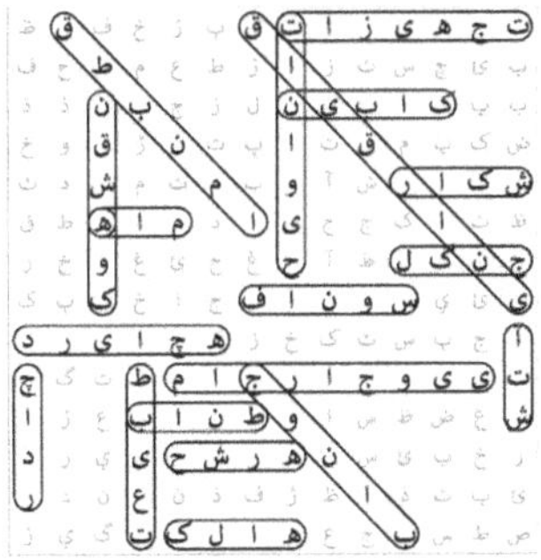

8 - Écologie

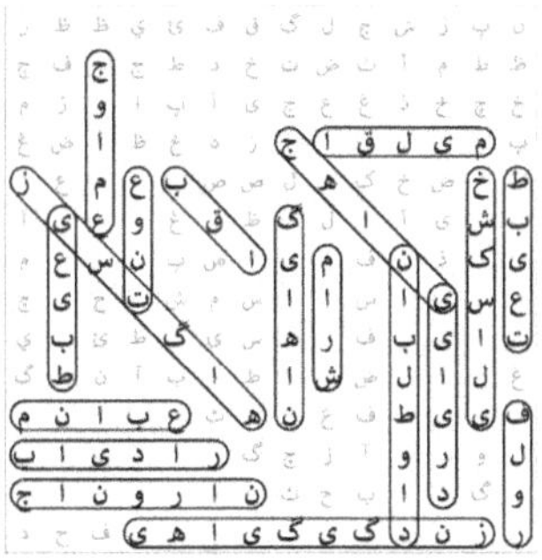

9 - Géométrie

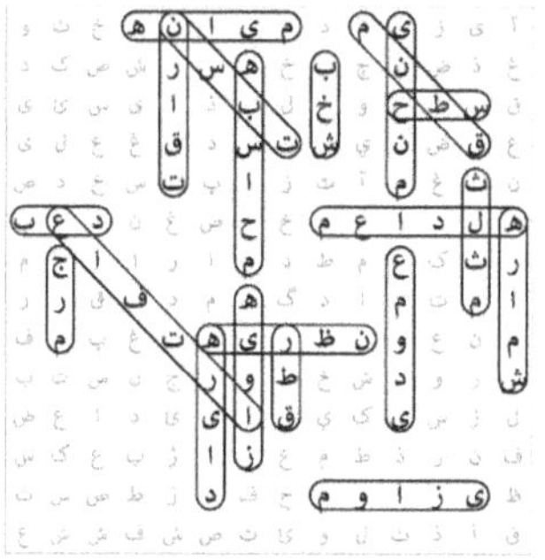

10 - Les Médias

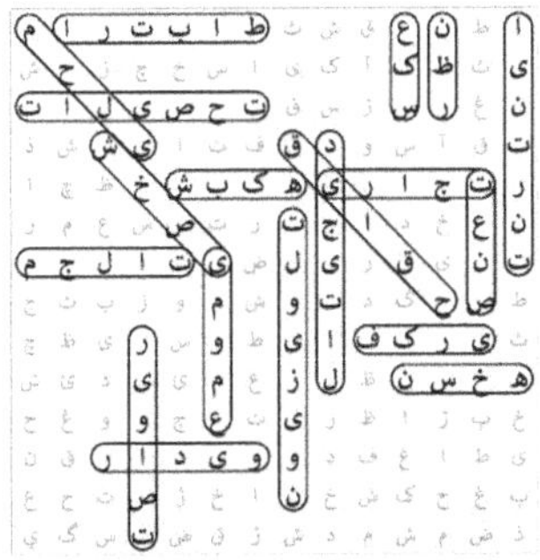

11 - Diplomatie

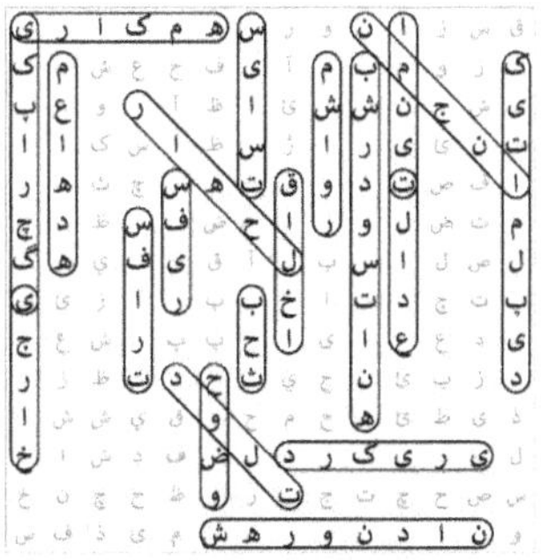

12 - Électricité

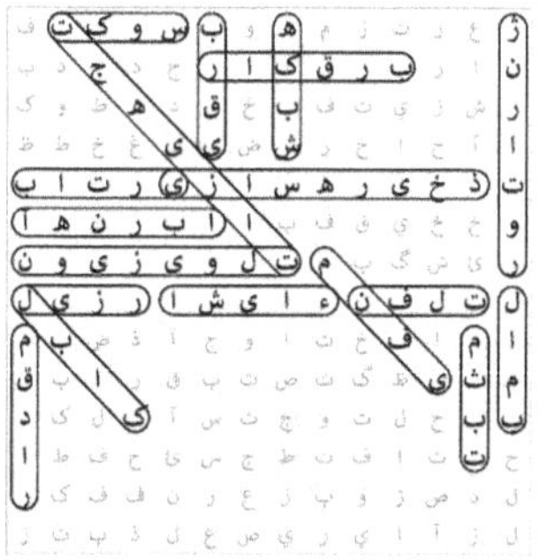

13 - Astronomie

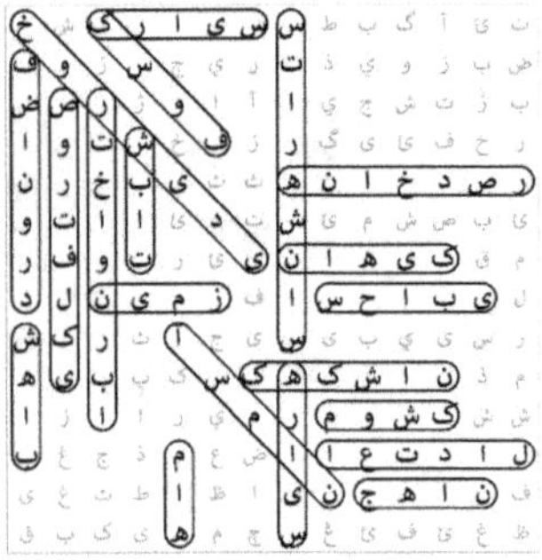

14 - Physique

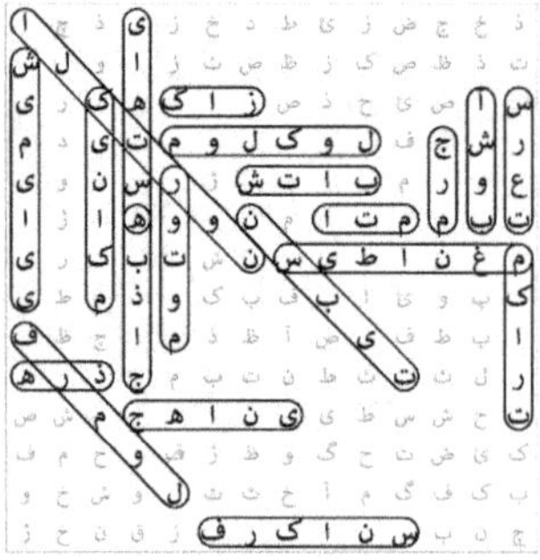

15 - Types de Cheveux

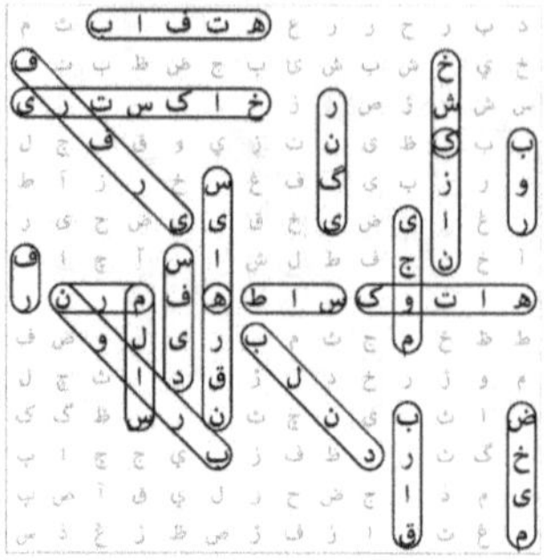

16 - Archéologie

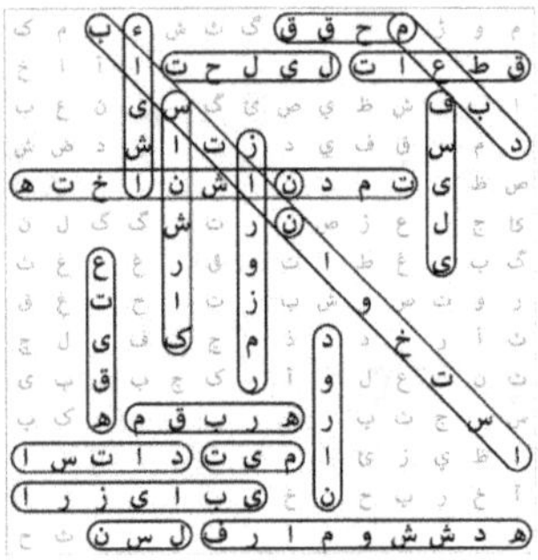

17 - Mammifères

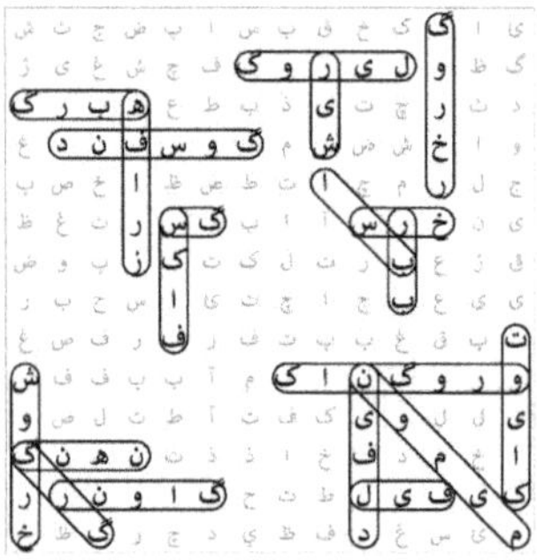

18 - Chocolat

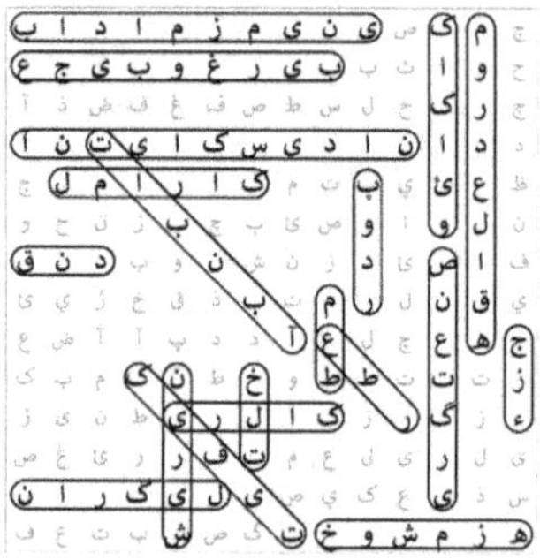

19 - Mathématiques

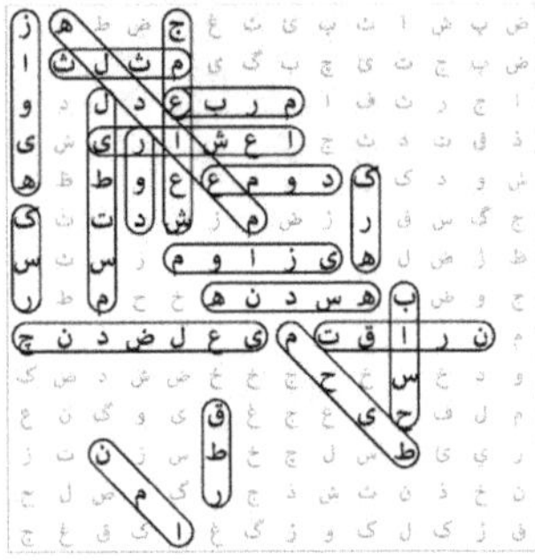

20 - Sport

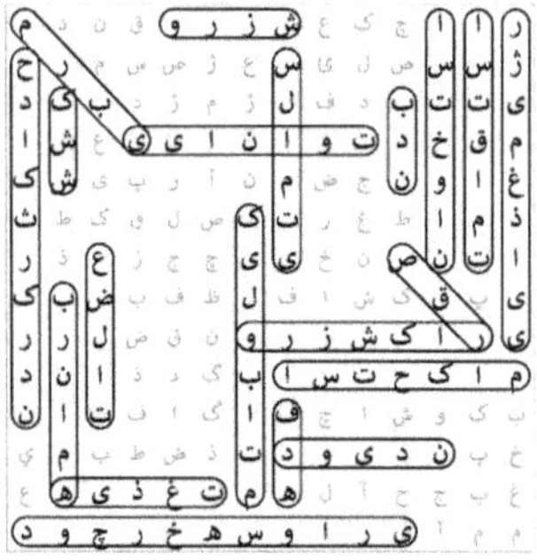

21 - Mythologie

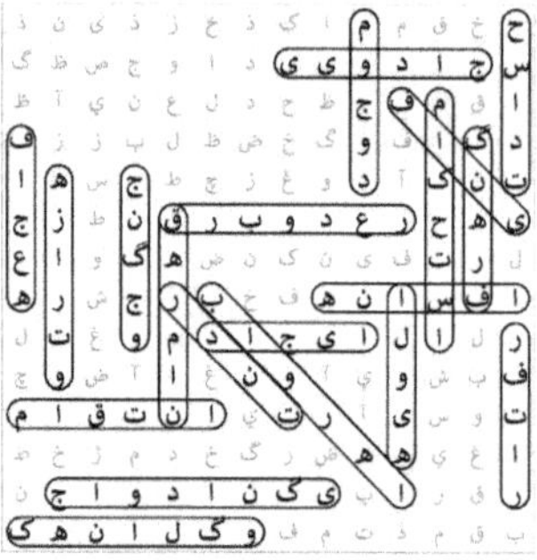

22 - Restaurant #2

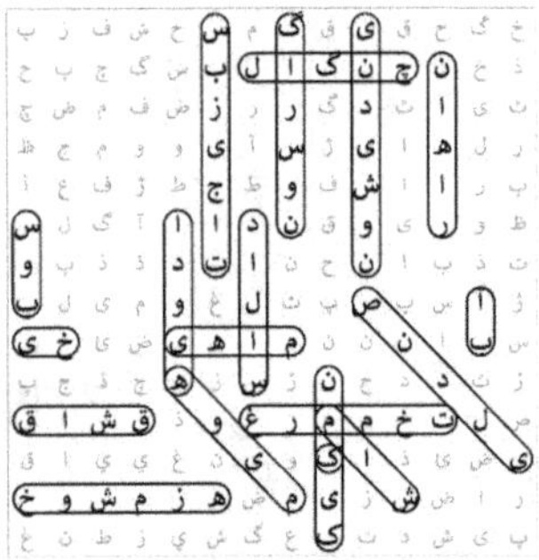

23 - Couleurs

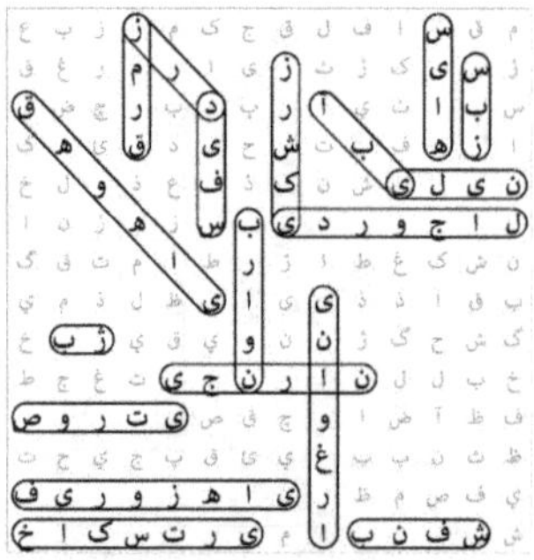

24 - Beauté

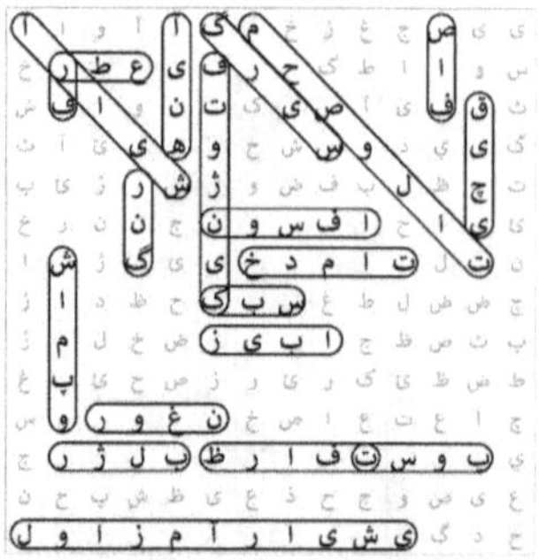

25 - Avions

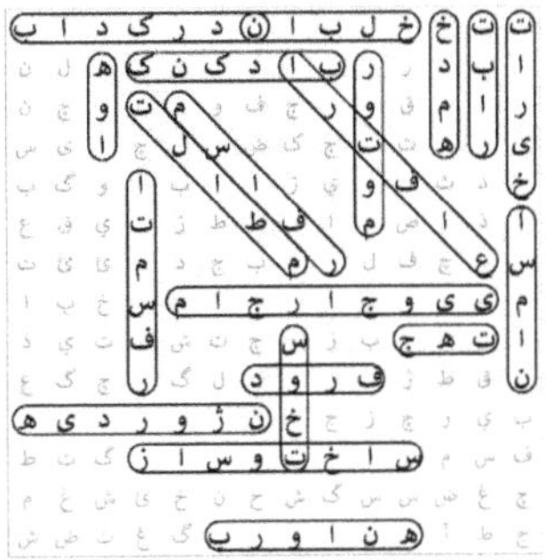

26 - Aventure

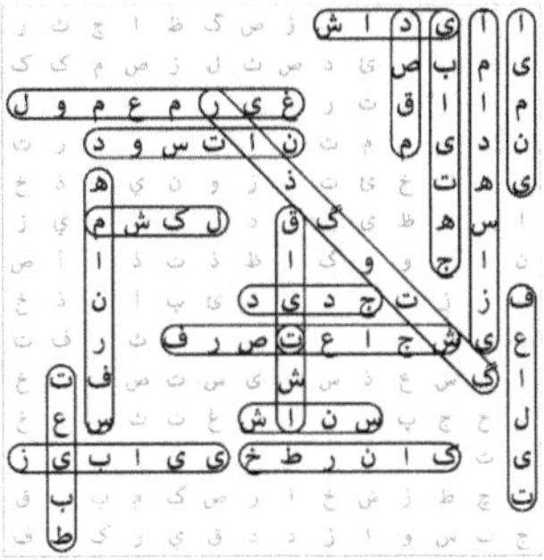

27 - Ville

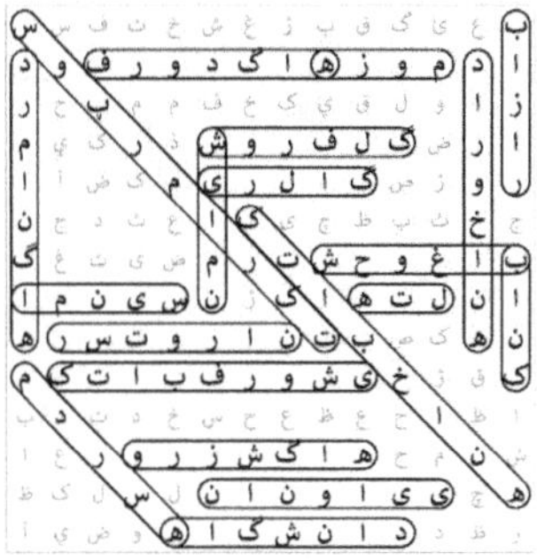

28 - Ingénierie

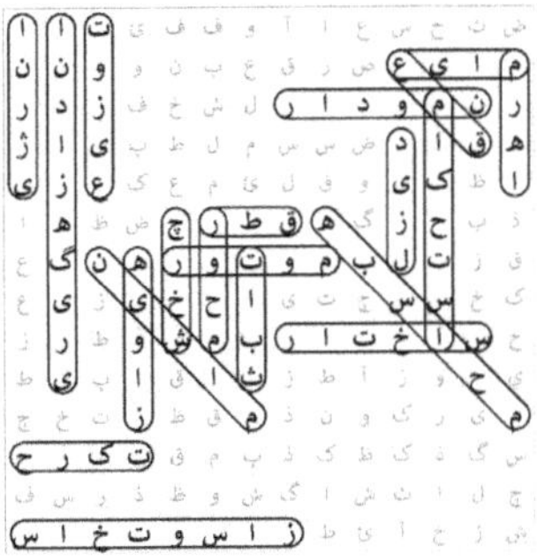

29 - Énergie

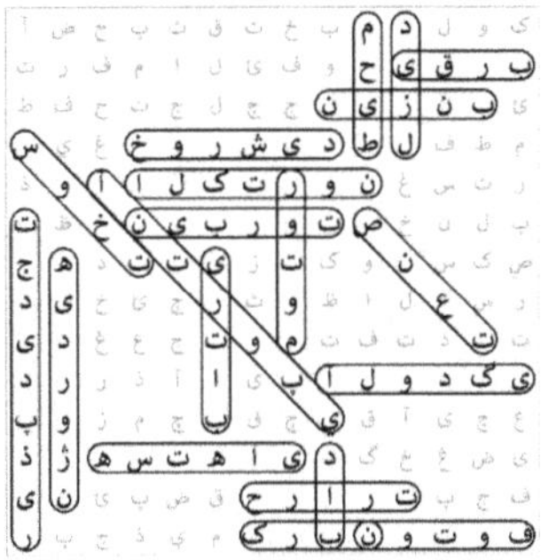

30 - Corps Humain

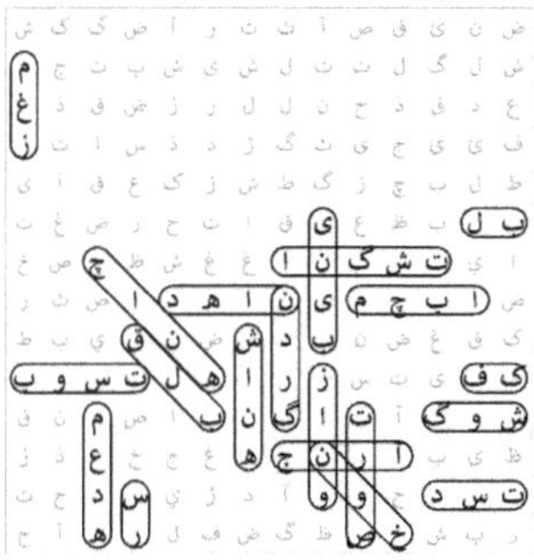

31 - Épices

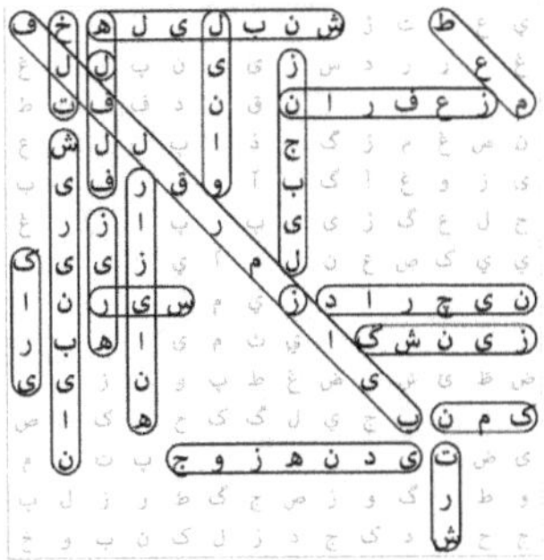

32 - Science

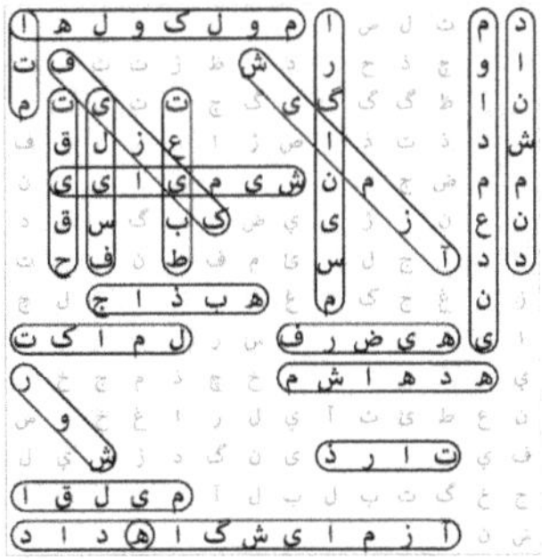

33 - Vêtements

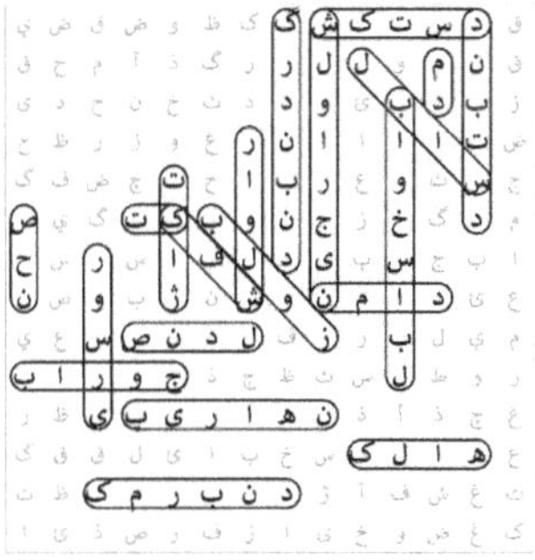

34 - Arts Visuels

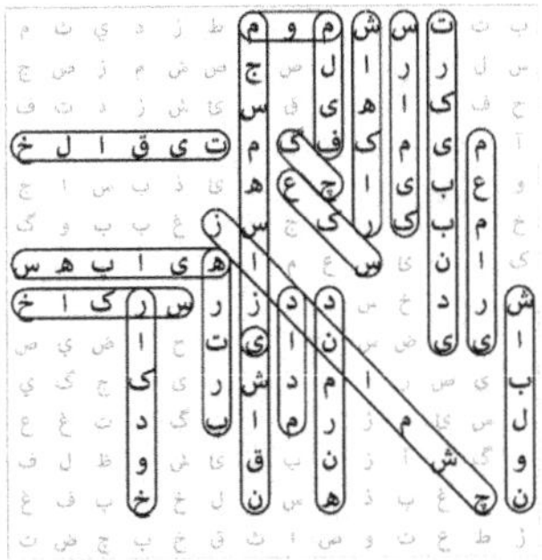

35 - Méditation

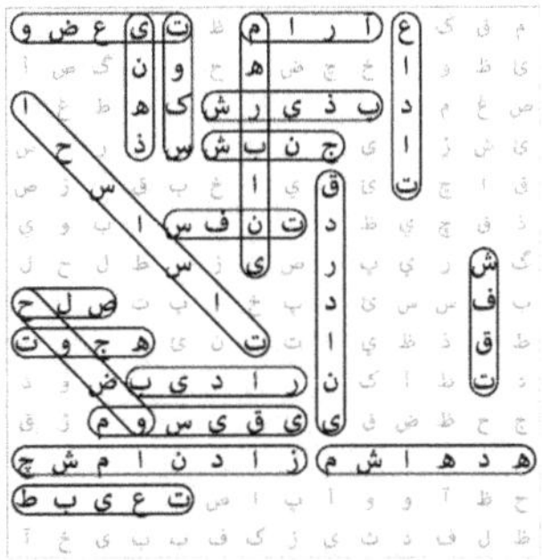

36 - Littérature

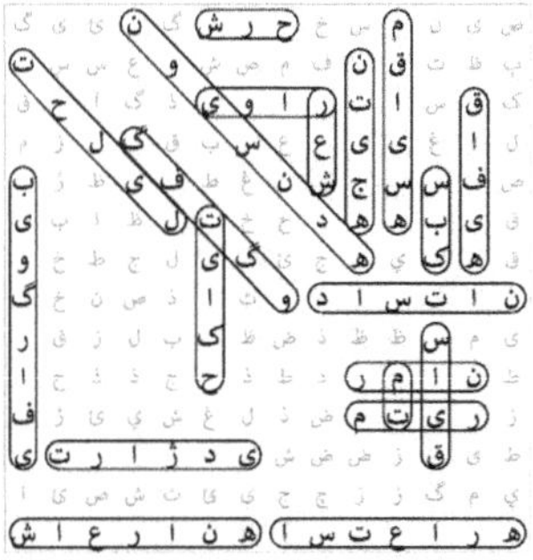

37 - Nourriture #1

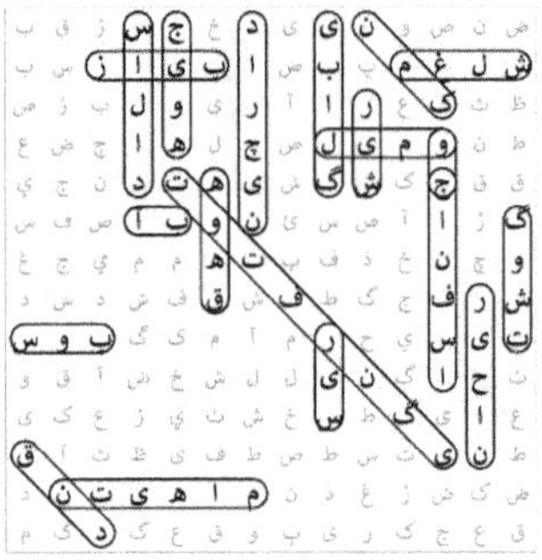

38 - Jours et Mois

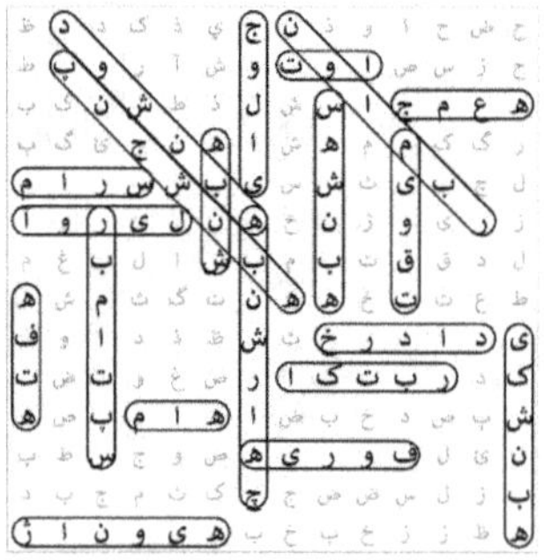

39 - Jardinage

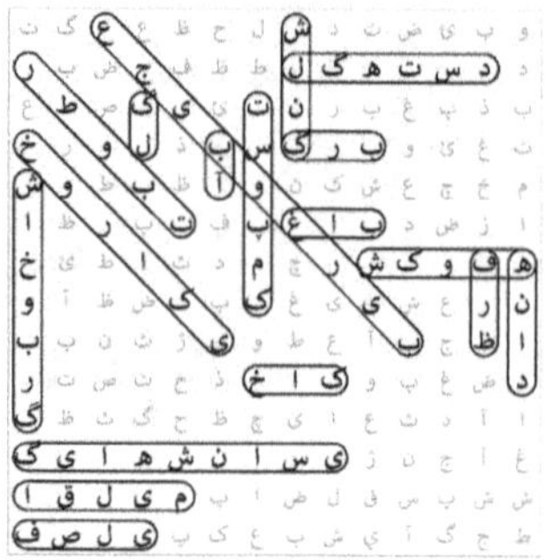

40 - Entreprise

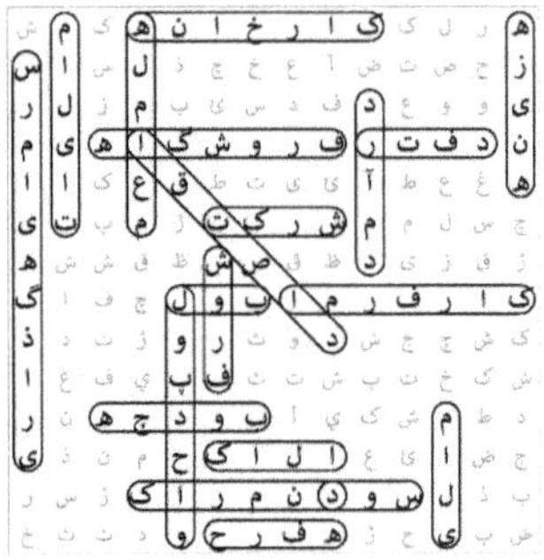

41 - Activités

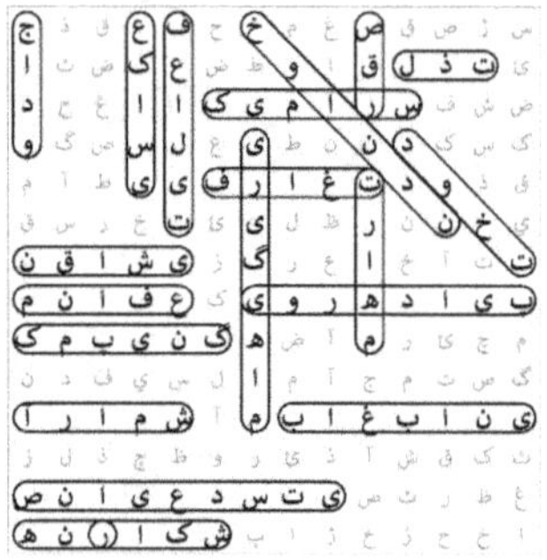

42 - Mode

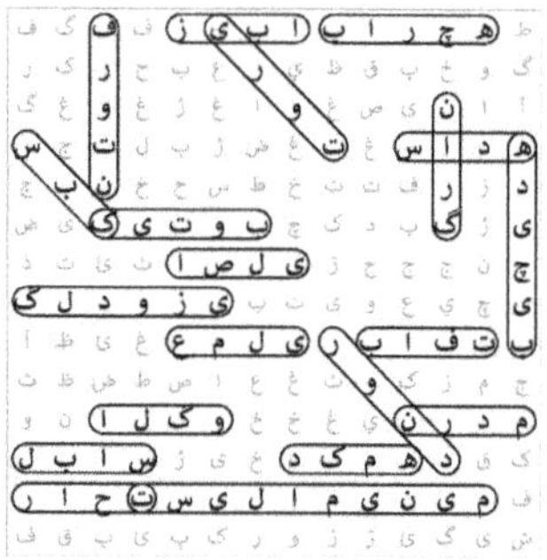

43 - Fleurs

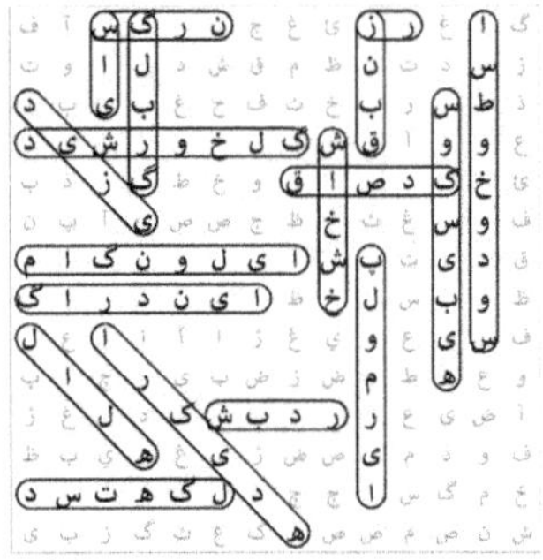

44 - Nourriture #2

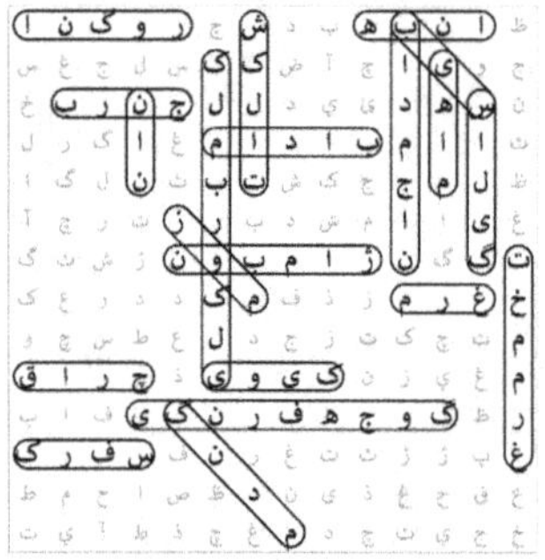

45 - Algèbre

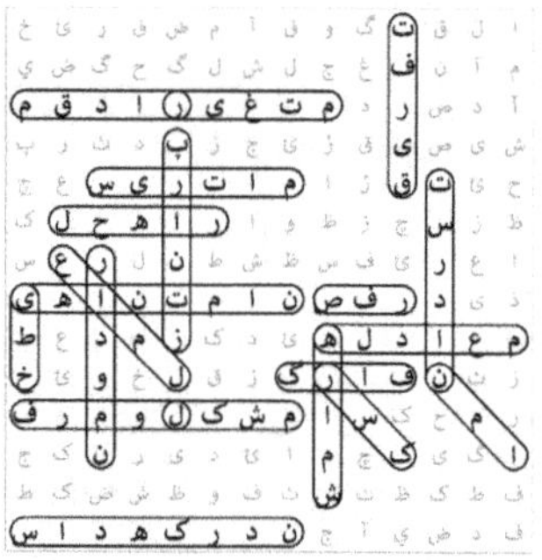

46 - Océan

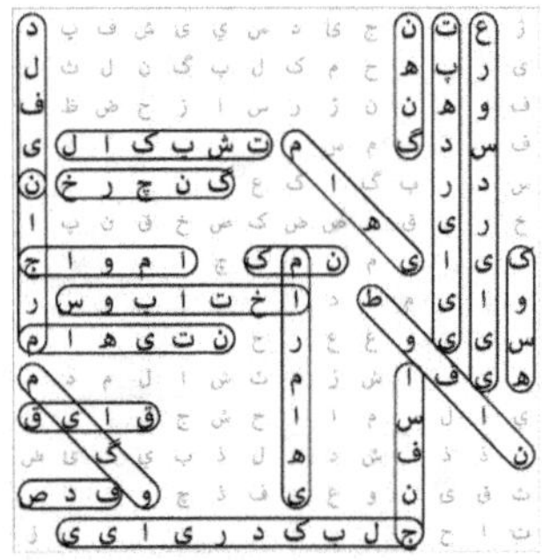

47 - Remplir

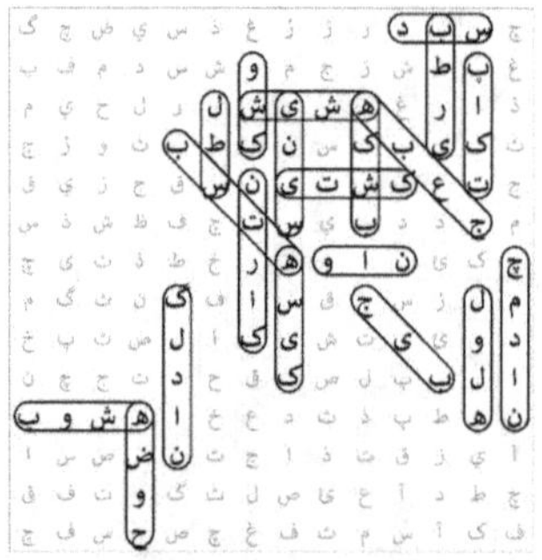

48 - Antiquités

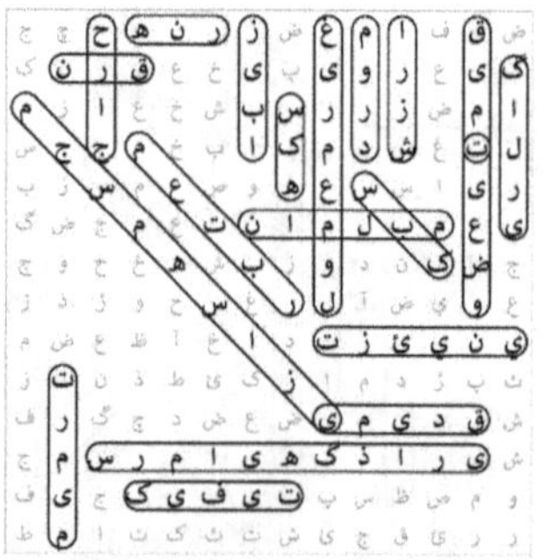

49 - Boxe

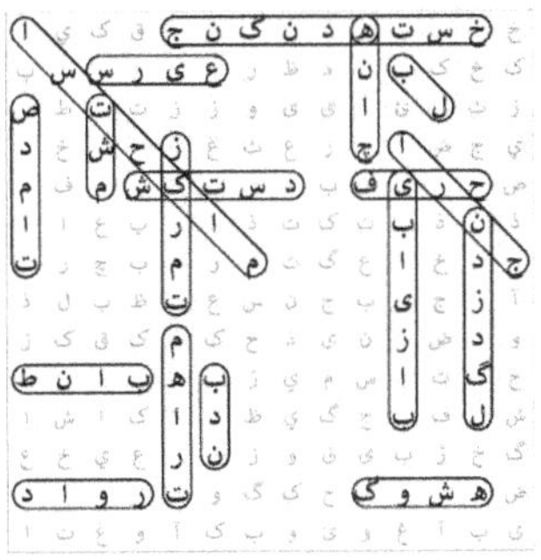

50 - Ballet

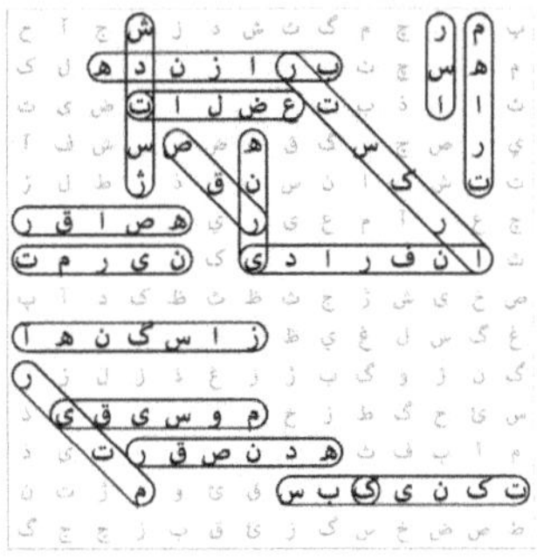

51 - Fruit

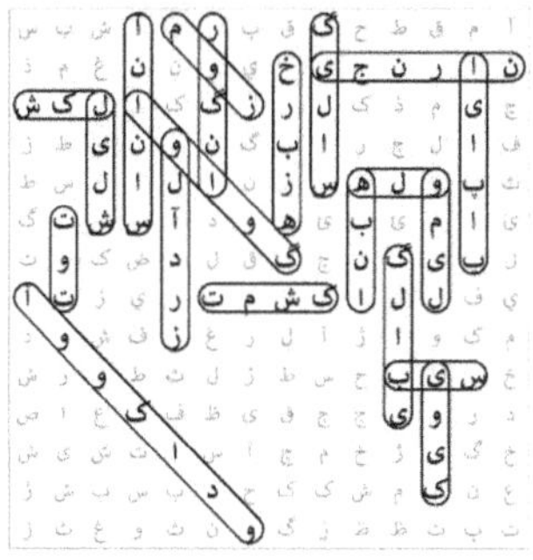

52 - Musique

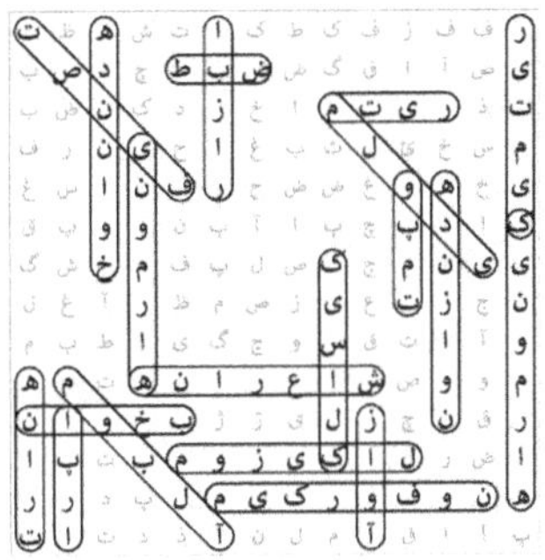

53 - Météo

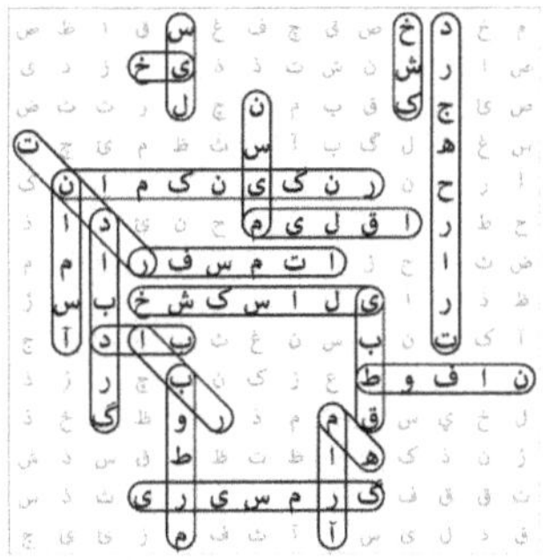

54 - L'Entreprise

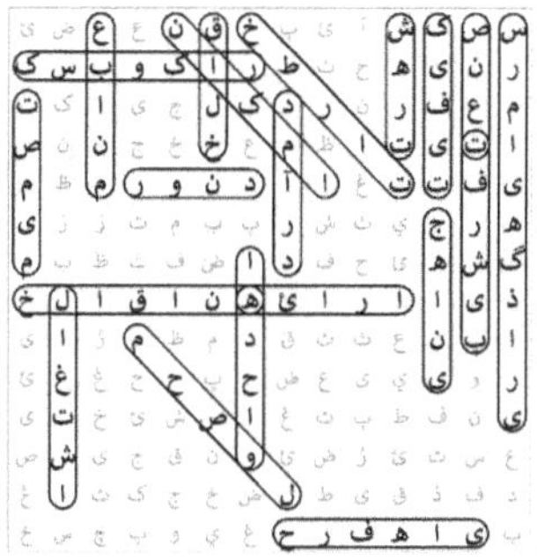

55 - Gouvernement

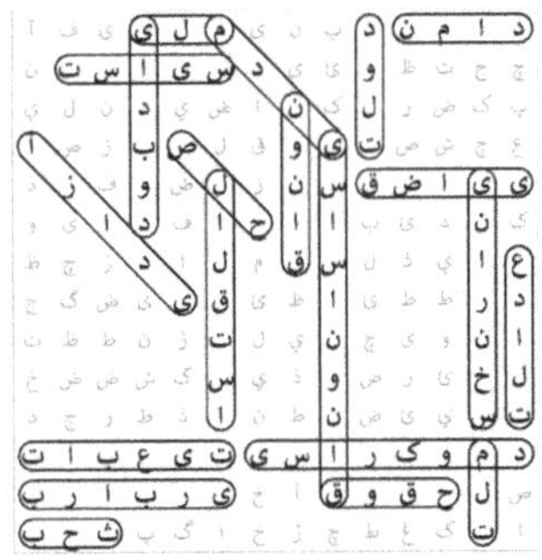

56 - Art

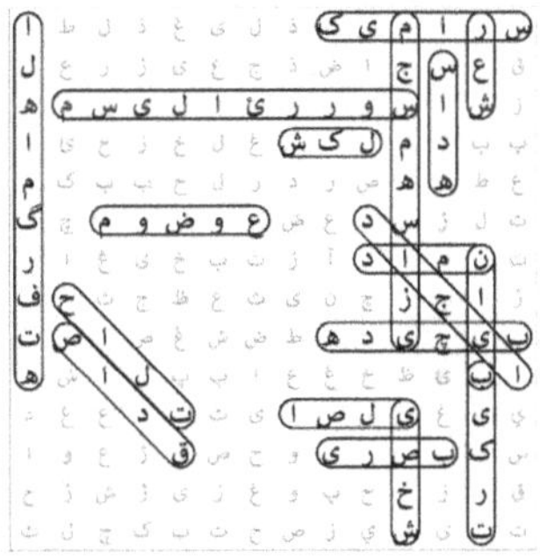

57 - Nutrition

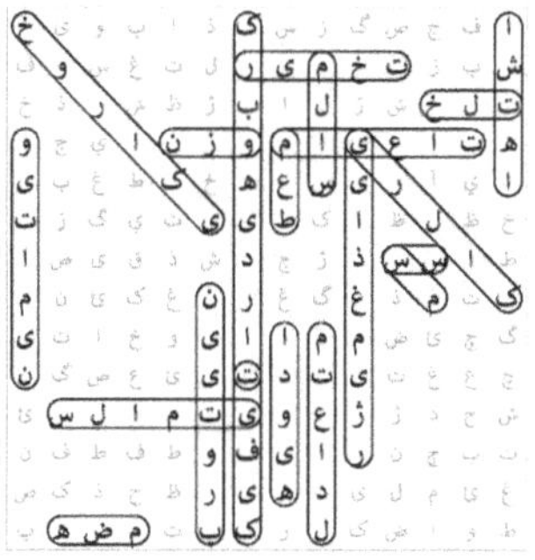

58 - Science Fiction

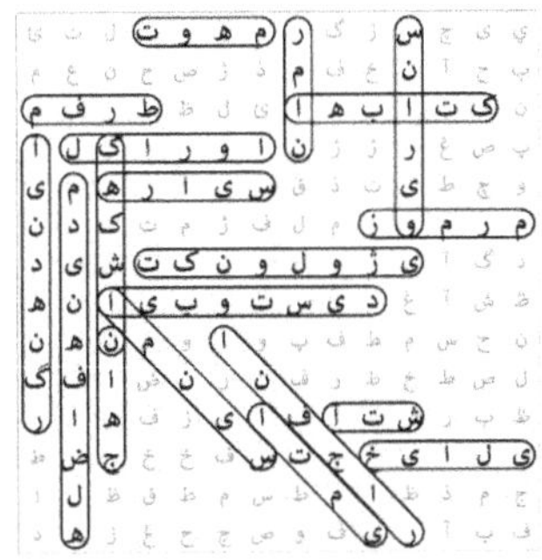

59 - Professions #1

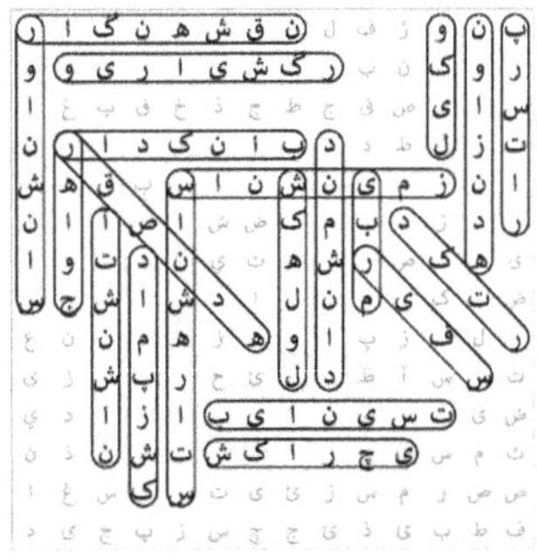

60 - Géologie

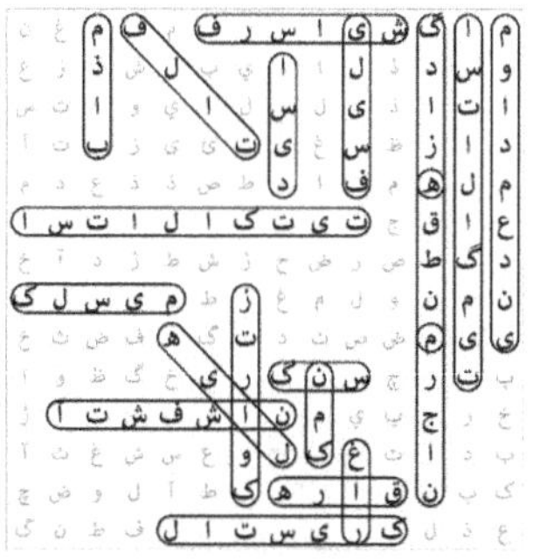

61 - Cirque

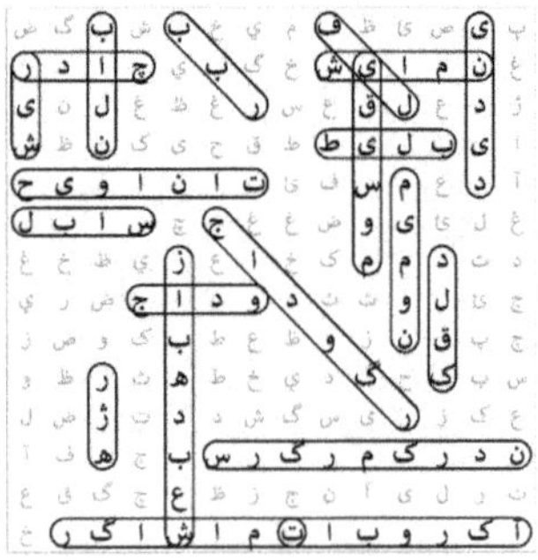

62 - Jardin

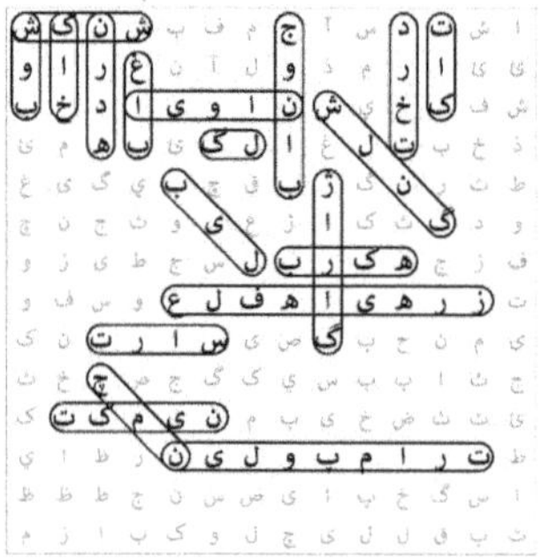

63 - Santé et Bien Être #1

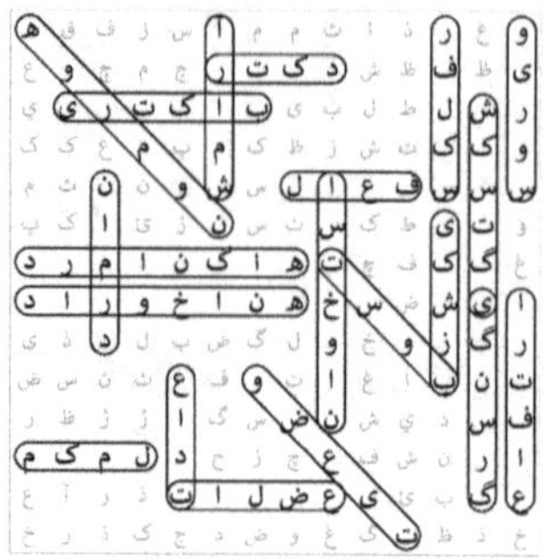

64 - Barbecues

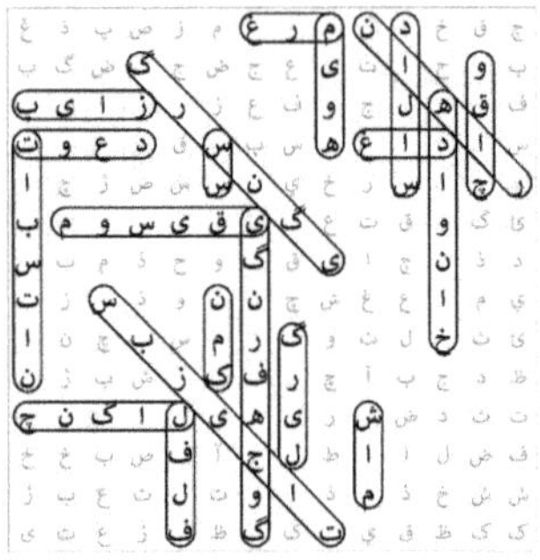

65 - Animaux de Compagnie

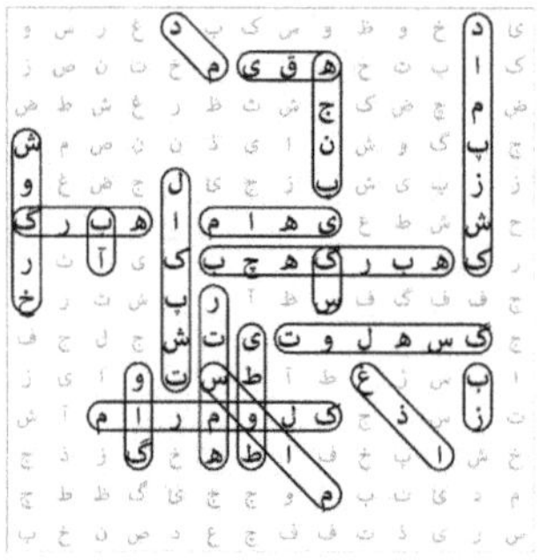

66 - Forêt Tropicale

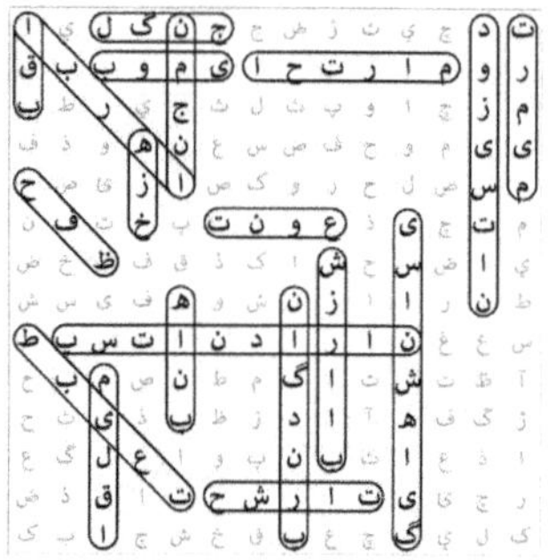

67 - Ferme #1

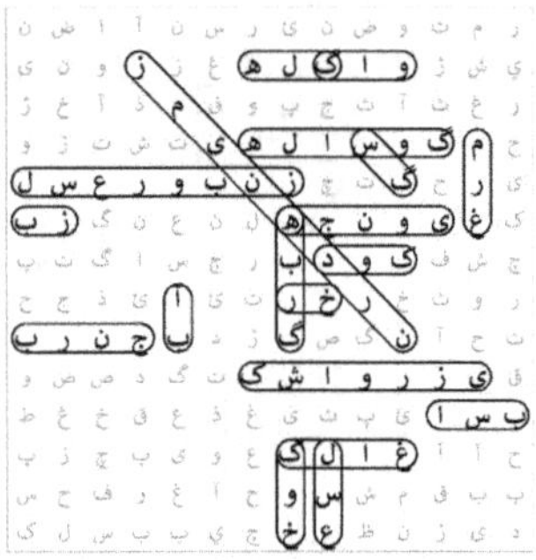

68 - Café

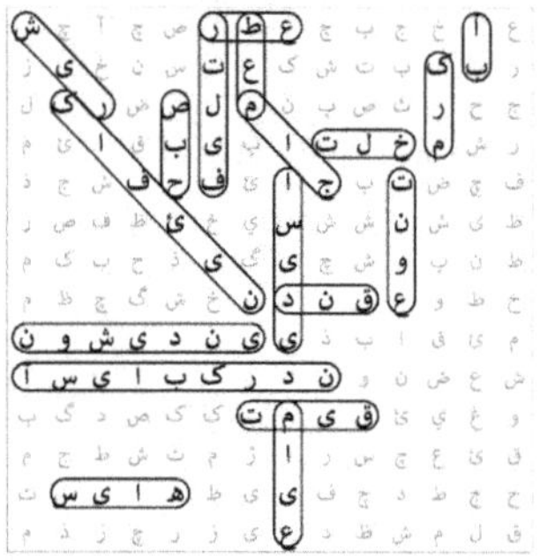

69 - Antarctique

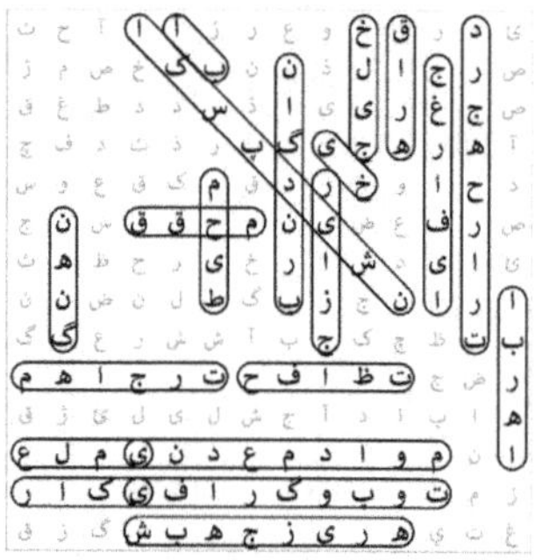

70 - Professions #2

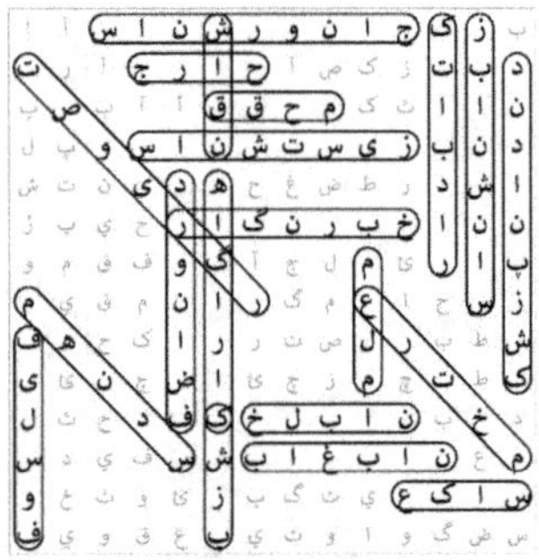

71 - Les Abeilles

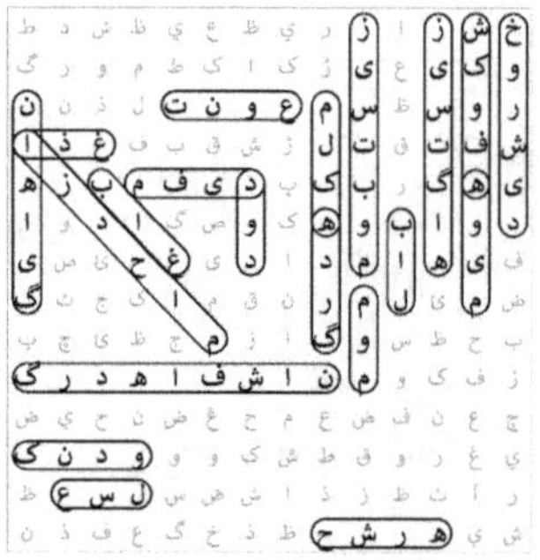

72 - Santé et Bien Être #2

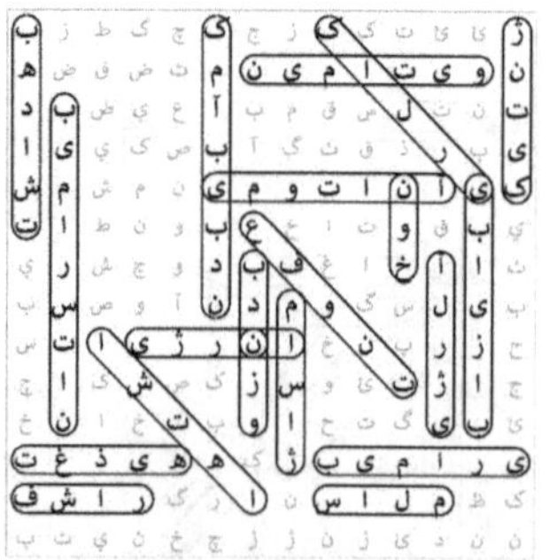

73 - Conduite

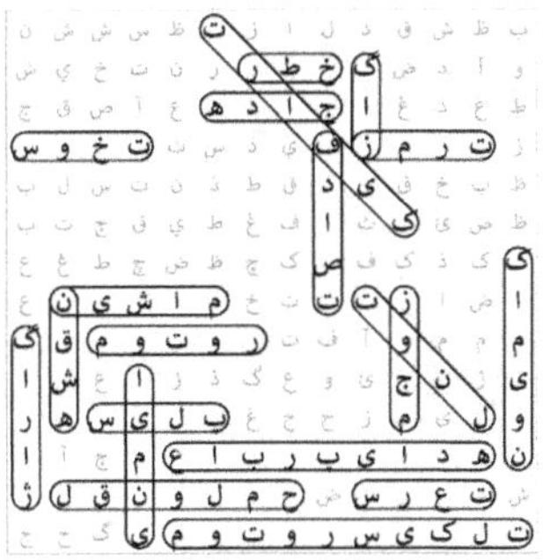

74 - Plantes

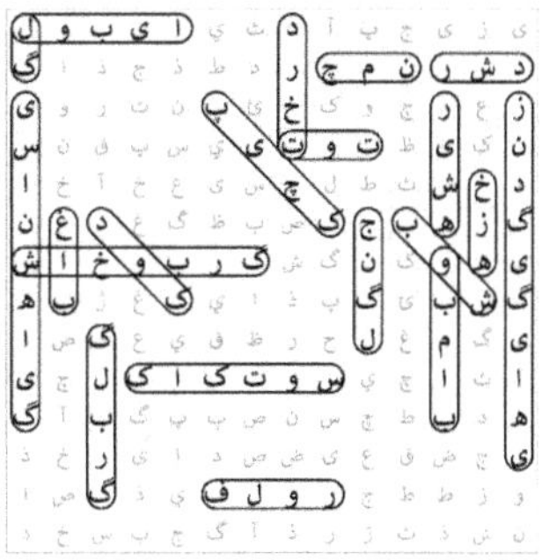

75 - Ferme #2

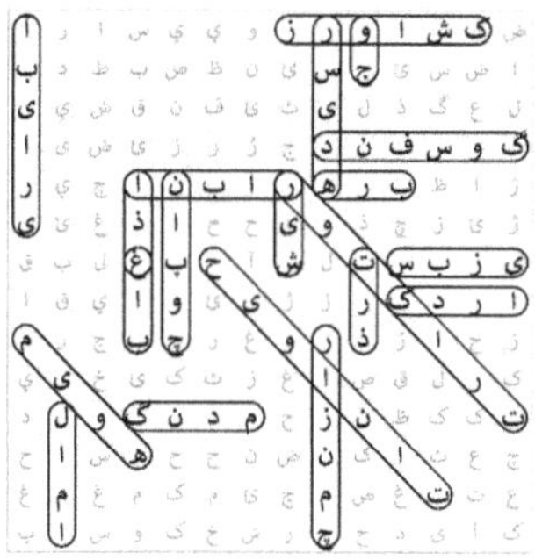

76 - Vacances #2

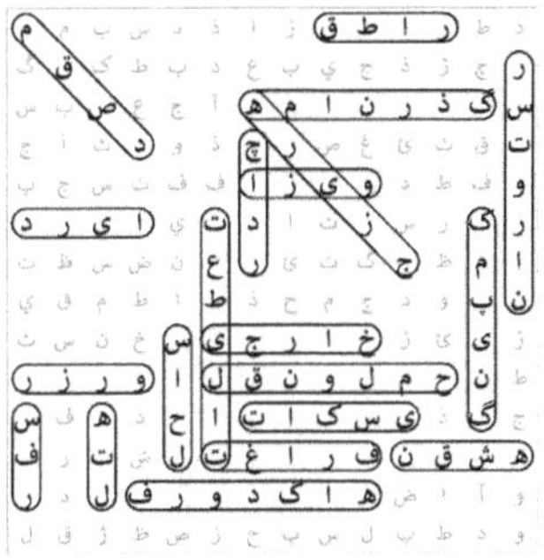

77 - Éthique

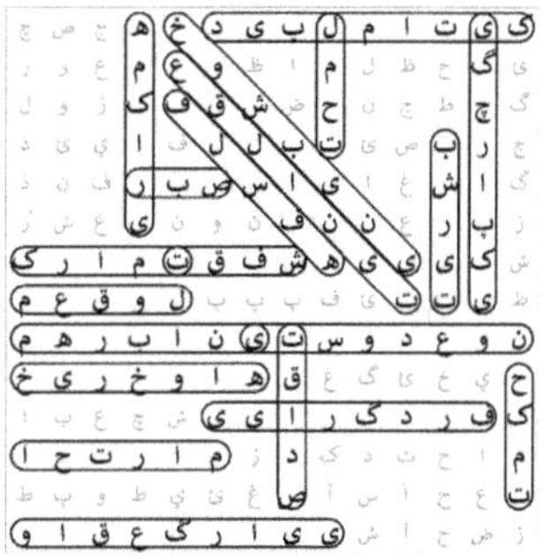

78 - Temps

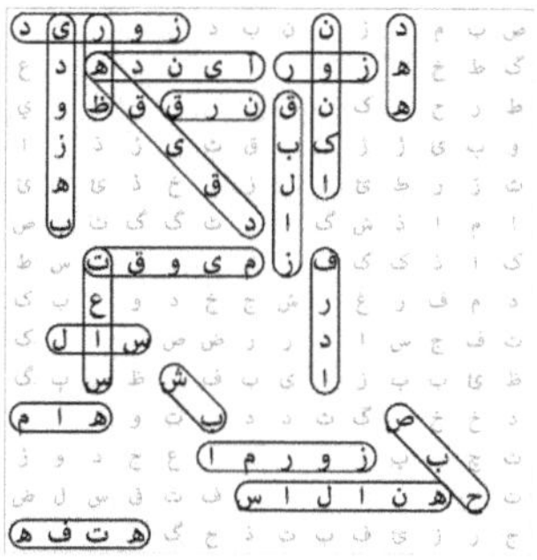

79 - Maison

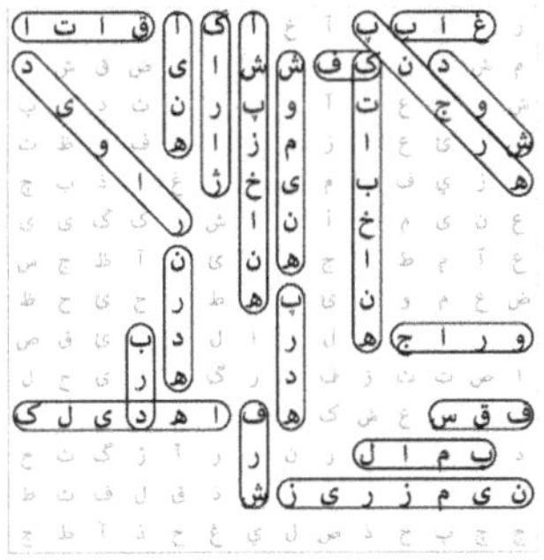

80 - Légumes

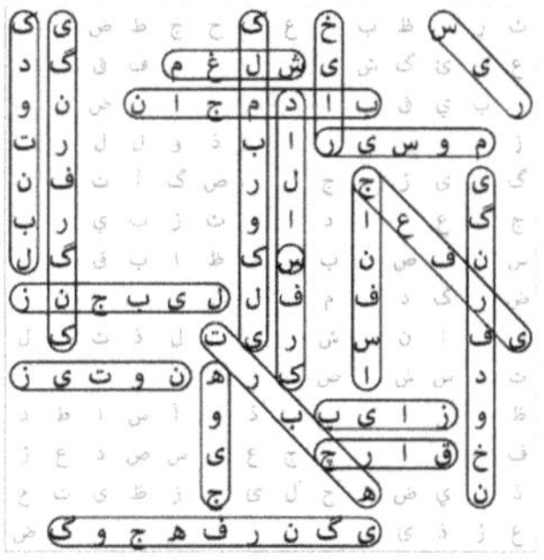

81 - Plage

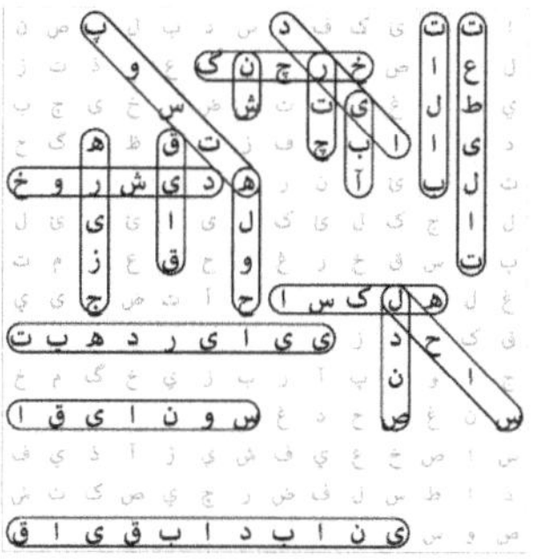

82 - Famille

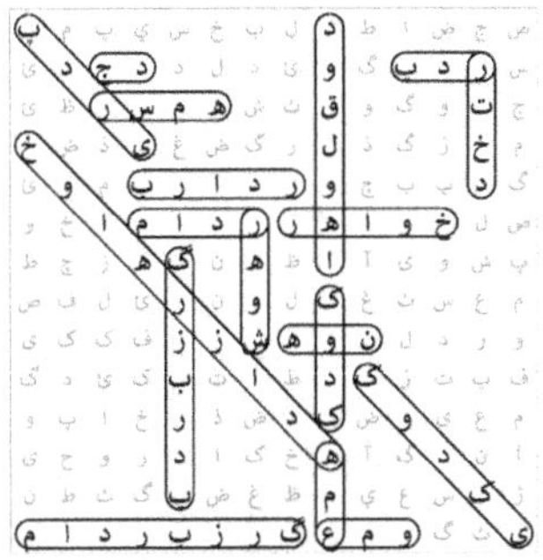

83 - Oiseaux

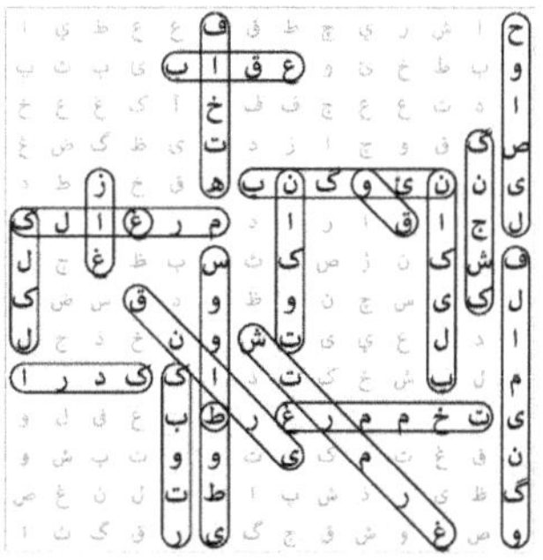

84 - Disciplines Scientifiques

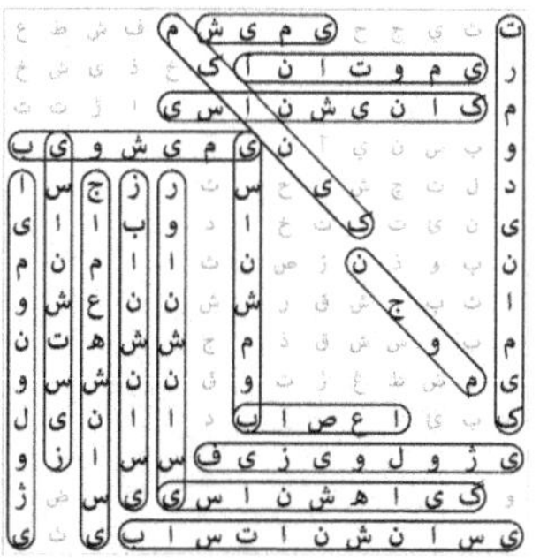

85 - Univers

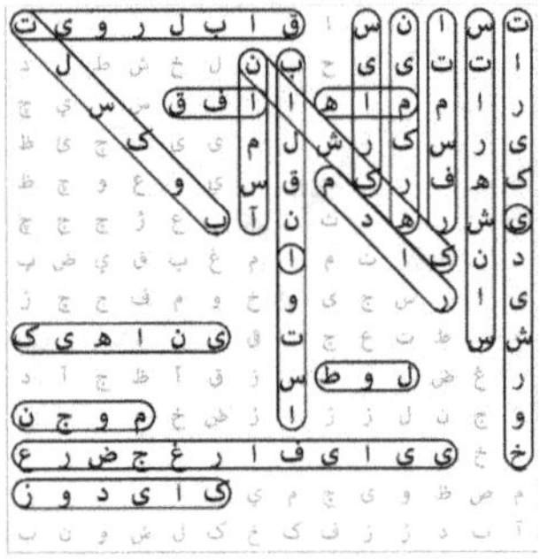

86 - Géographie

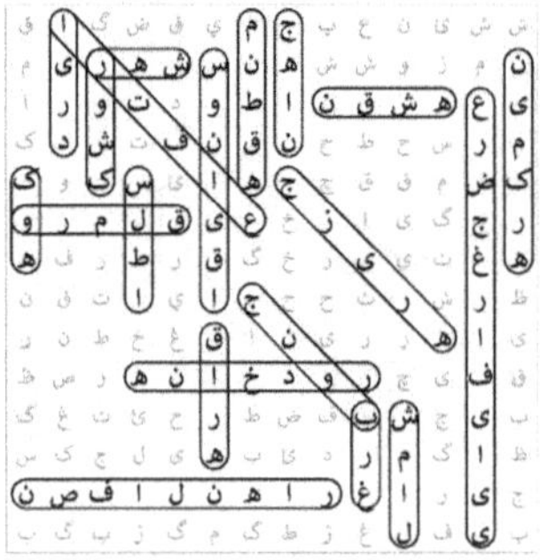

87 - Danse

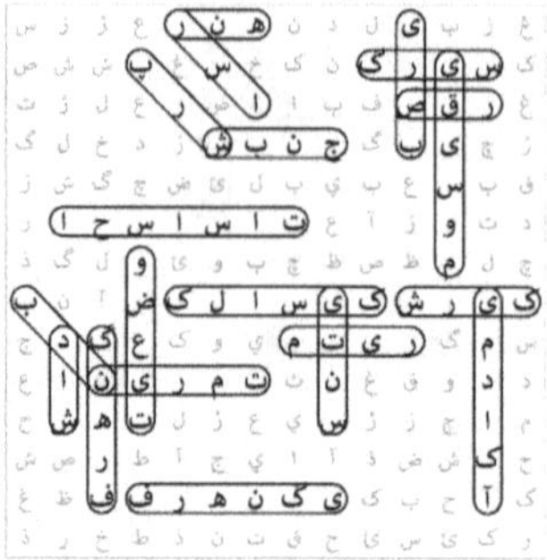

88 - Bâtiments

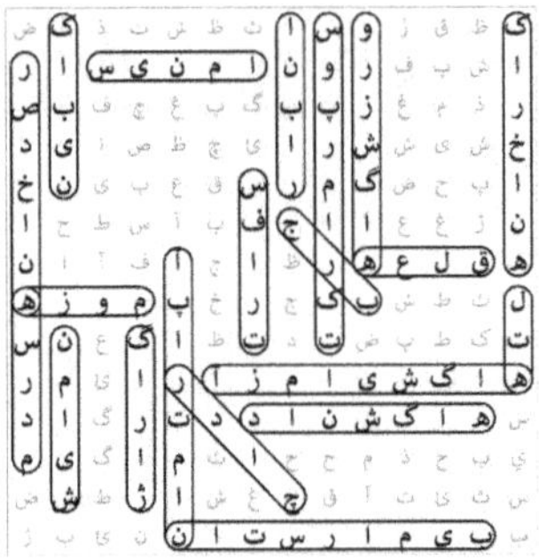

89 - Activités et Loisirs

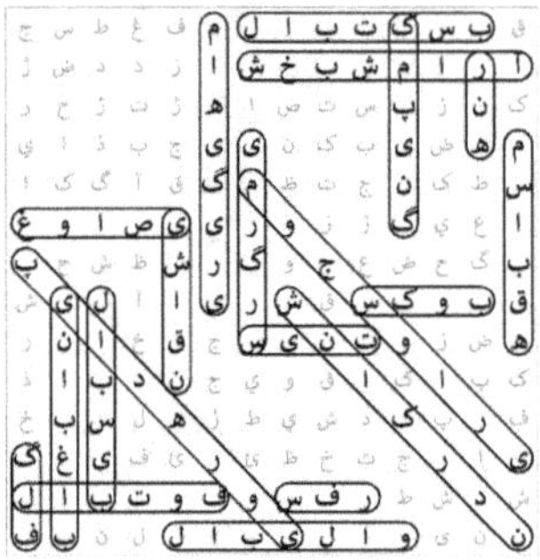

90 - Livres

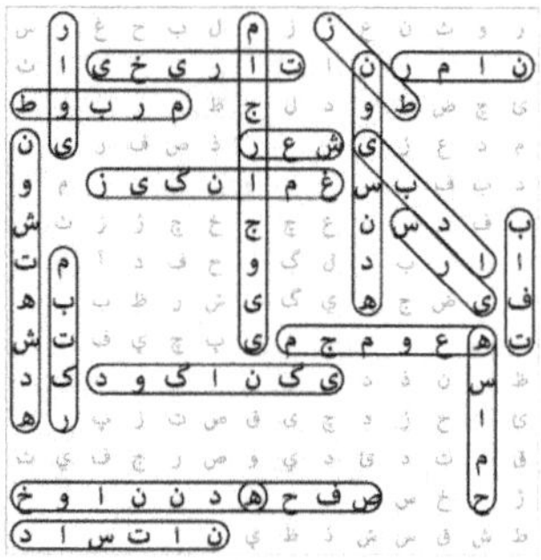

91 - Pays #2

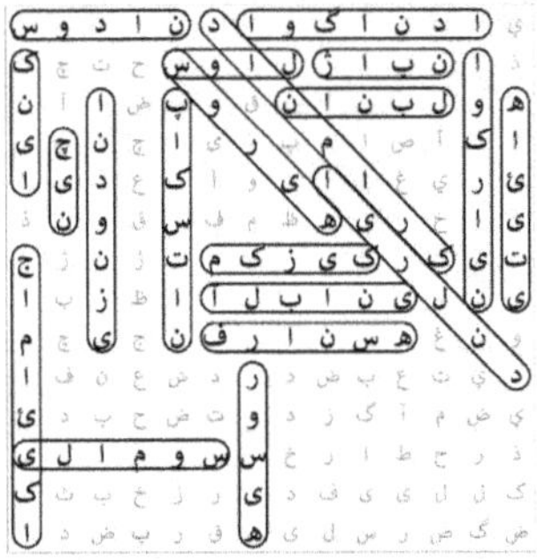

92 - Jazz

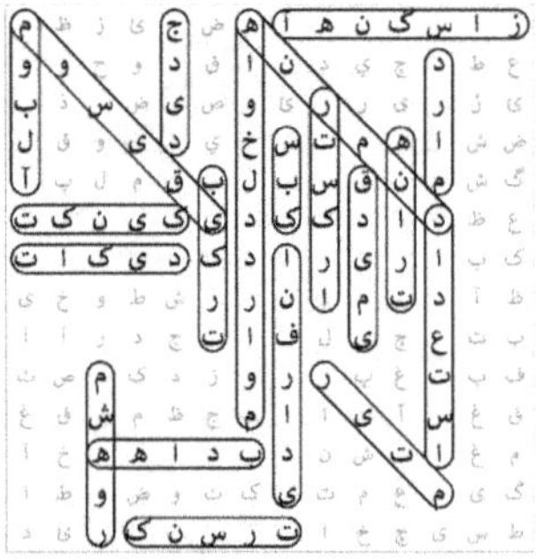

93 - Paysages

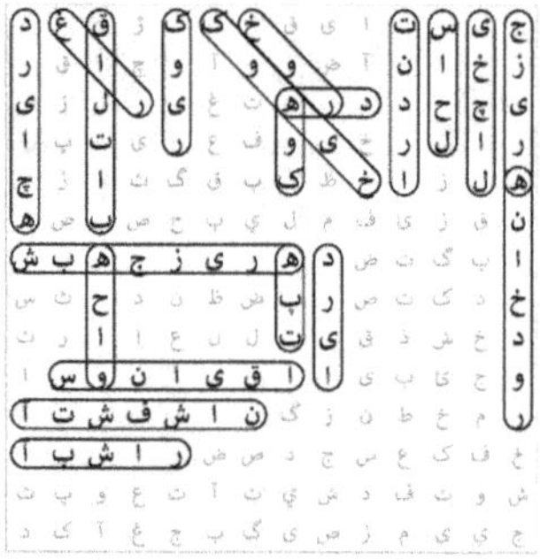

94 - Pays #1

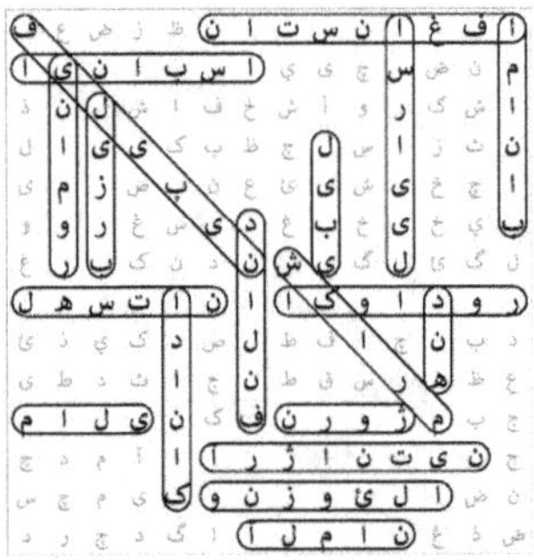

95 - Nombres

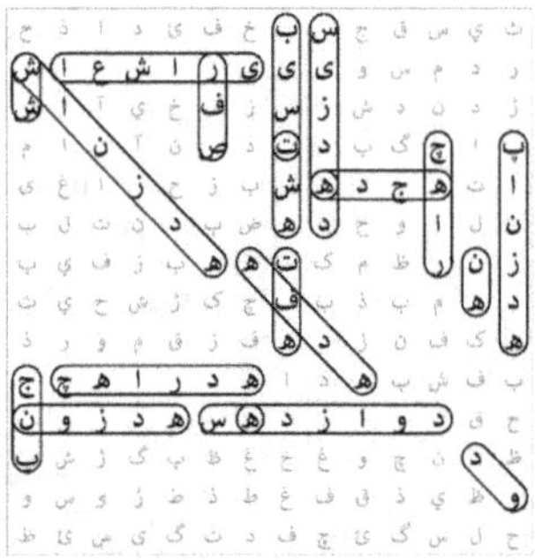

96 - Psychologie

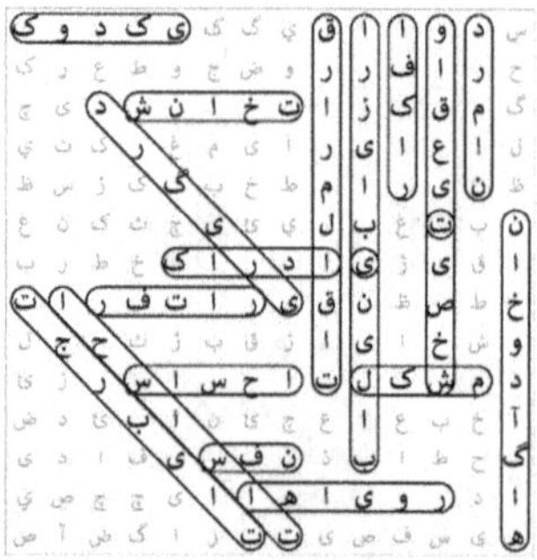

97 - Nature

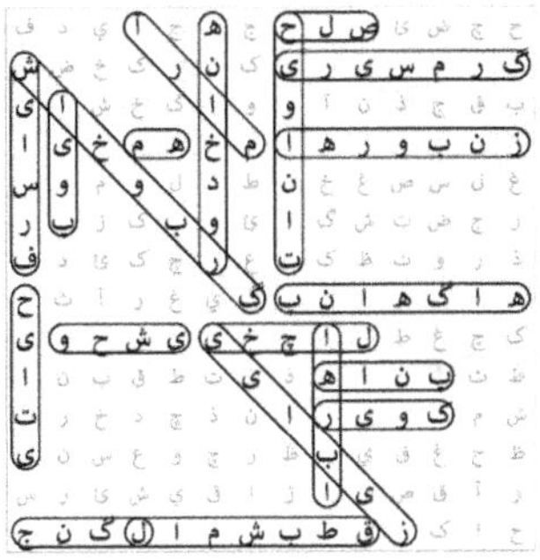

98 - Chimie

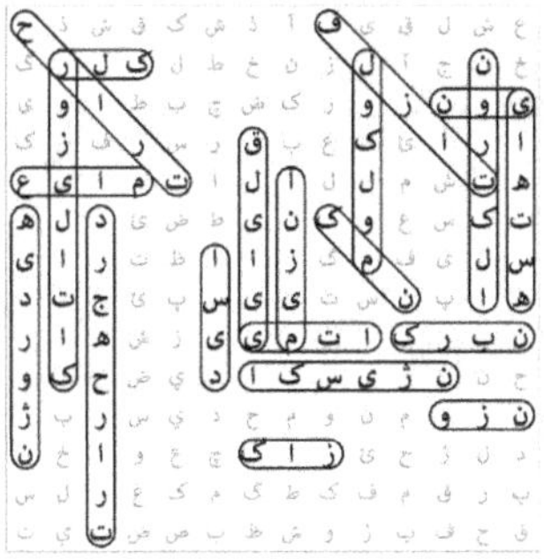

99 - Bateaux

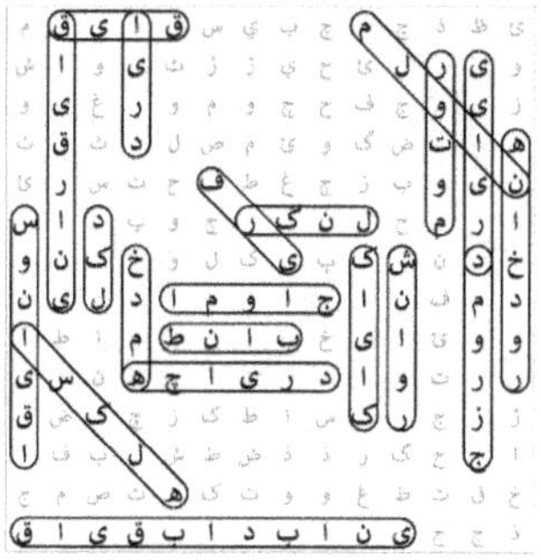

100 - Mesures

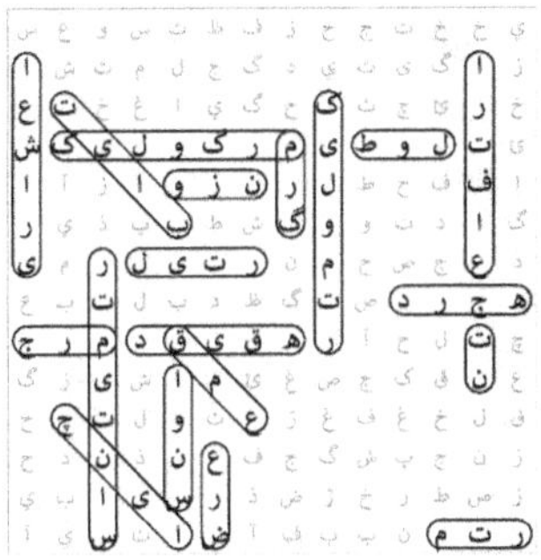

Dictionnaire

Activités
فعالیت ها

Activité	فعالیت
Art	هنر
Artisanat	صنایع دستی
Camping	کمپینگ
Céramique	سرامیک
Chasse	شکار
Compétence	مهارت
Couture	دوخت
Danse	رقص
Intérêts	منافع
Jardinage	باغبانی
Lecture	خواندن
Loisir	فراغت
Magie	جادو
Peinture	نقاشی
Pêche	ماهیگیری
Photographie	عکاسی
Plaisir	لذت
Randonnée	پیاده روی
Relaxation	آرامش

Activités et Loisirs
فعالیت ها و اوقات فراغت

Art	هنر
Base-Ball	بیسبال
Basket-Ball	بسکتبال
Boxe	بوکس
Camping	کمپینگ
Course	مسابقه
Football	فوتبال
Golf	گلف
Jardinage	باغبانی
Nager	شنا کردن
Passe-Temps	سرگرمی
Peinture	نقاشی
Pêche	ماهیگیری
Plongée	غواصی
Randonnée	پیاده روی
Relaxant	آرامش بخش
Surf	موج سواری
Tennis	تنیس
Volley-Ball	والیبال
Voyage	سفر

Adjectifs #1
صفت #1

Absolu	مطلق
Actif	فعال
Ambitieux	جاه طلب
Aromatique	معطر
Artistique	هنری
Attractif	جذاب
Beau	زیبا
Exotique	عجیب و غریب
Énorme	بزرگ
Généreux	سخاوتمندانه
Honnête	صادق
Identique	یکسان
Important	مهم
Innocent	بی گناه
Jeune	جوان
Lent	کند
Lourd	سنگین
Mince	نازک
Moderne	مدرن
Parfait	کامل

Adjectifs #2
صفت #2

Authentique	معتبر
Célèbre	مشهور
Créatif	خلاق
Descriptif	توصیفی
Doué	با استعداد
Dramatique	نمایشی
Élégant	زیبا
Fier	مغرور
Fort	قوی
Intéressant	جالب توجه
Naturel	طبیعی
Nouveau	جدید
Productif	مولد
Puissant	قدرتمند
Pur	خالص
Responsable	مسئول
Sain	سالم
Salé	شور
Sauvage	وحشی
Sec	خشک

Algèbre
جبر

Diagramme	نمودار
Exposant	نما
Équation	معادله
Facteur	عامل
Faux	نادرست
Formule	فرمول
Fraction	کسر
Graphique	گراف
Infini	نامتناهی
Linéaire	خطی
Matrice	ماتریس
Nombre	شماره
Parenthèse	پرانتز
Problème	مشکل
Quantité	مقدار
Simplifier	ساده کردن
Solution	راه حل
Soustraction	تفریق
Variable	متغیر
Zéro	صفر

Animaux de Compagnie
حیوانات خانگی

Chat	گربه
Chaton	بچه گربه
Chèvre	بز
Chien	سگ
Chiot	توله سگ
Collier	قلاده
Eau	آب
Hamster	همستر
Lapin	خرگوش
Lézard	مارمولک
Nourriture	غذا
Pattes	پنجه
Perroquet	طوطی
Poisson	ماهی
Queue	دم
Souris	موش
Tortue	لاک پشت
Vache	گاو
Vétérinaire	دامپزشک

Antarctique
قطب جنوب

Baie	خلیج
Baleines	نهنگ
Chercheur	محقق
Conservation	حفاظت
Continent	قاره
Eau	آب
Environnement	محیط
Expédition	اکسپدیشن
Géographie	جغرافیا
Glace	یخ
Îles	جزایر
Migration	مهاجرت
Minéraux	مواد معدنی
Nuage	ابر
Oiseaux	پرندگان
Péninsule	شبه جزیره
Rocheux	راکی
Scientifique	علمی
Température	درجه حرارت
Topographie	توپوگرافی

Antiquités
عتیقه جات

Art	هنر
Article	مورد
Authentique	معتبر
Condition	وضعیت
Décoratif	تزئینی
Enchères	حراج
Élégant	زیبا
Galerie	گالری
Inhabituel	غیر معمول
Investissement	سرمایه گذاری
Meubles	مبلمان
Pièces	سکه
Prix	قیمت
Qualité	کیفیت
Restauration	ترمیم
Sculpture	مجسمه سازی
Siècle	قرن
Style	سبک
Valeur	ارزش
Vieux	قدیمی

Archéologie
باستان شناسی

Analyse	تحلیل
Antiquité	باستان
Chercheur	محقق
Civilisation	تمدن
Descendant	نسل
Expert	کارشناس
Ère	دوران
Équipe	تیم
Évaluation	ارزیابی
Fossile	فسیلی
Fragments	قطعات
Inconnu	ناشناخته
Mystère	رمز و راز
Objets	اشیاء
Os	استخوان
Oublié	فراموش شده
Professeur	استاد
Relique	عتیقه
Temple	معبد
Tombe	مقبره

Art
هنر

Céramique	سرامیک
Complexe	پیچیده
Composition	ترکیب
Créer	ایجاد
Expression	بیان
Figure	شکل
Honnête	صادق
Humeur	حالت
Inspiré	الهام گرفته
Original	اصلی
Personnel	شخصی
Poésie	شعر
Sculpture	مجسمه سازی
Simple	ساده
Sujet	موضوع
Surréalisme	سوررئالیسم
Symbole	نماد
Visuel	بصری

Arts Visuels
هنرهای تجسمی

Architecture	معماری
Argile	خاک رس
Artiste	هنرمند
Céramique	سرامیک
Chef-D'Œuvre	شاهکار
Chevalet	سه پایه
Cire	موم
Composition	ترکیب بندی
Craie	گچ
Crayon	مداد
Créativité	خلاقیت
Film	فیلم
Peinture	نقاشی
Perspective	چشم انداز
Photographie	عکس
Pochoir	شابلون
Portrait	پرتره
Sculpture	مجسمه سازی
Stylo	خودکار

Astronomie
اخترشناسی

Astéroïde	سیارک
Astronaute	فضانورد
Astronome	ستاره شناس
Ciel	آسمان
Constellation	صورت فلکی
Cosmos	کیهان
Éclipse	کسوف
Équinoxe	اعتدال
Fusée	موشک
Galaxie	کهکشان
Lune	ماه
Météore	شهاب
Nébuleuse	سحابی
Observatoire	رصدخانه
Planète	سیاره
Radiation	تابش
Solaire	خورشیدی
Supernova	ابرنواختر
Terre	زمین
Univers	جهان

Aventure
ماجراجویی

Activité	فعالیت
Amis	دوستان
Beauté	زیبایی
Bravoure	شجاعت
Chance	شانس
Dangereux	خطرناک
Destination	مقصد
Difficulté	مشکل
Enthousiasme	اشتیاق
Excursion	گشت و گذار
Inhabituel	غیر معمول
Itinéraire	سفرنامه
Joie	شادی
Nature	طبیعت
Navigation	جهت یابی
Nouveau	جدید
Opportunité	فرصت
Préparation	آماده سازی
Sécurité	ایمنی

Avions
هواپیما

Air	هوا
Atmosphère	اتمسفر
Atterrissage	فرود
Aventure	ماجراجویی
Ballon	بادکنک
Carburant	سوخت
Ciel	آسمان
Construction	ساخت و ساز
Descente	تبار
Direction	جهت
Équipage	خدمه
Gonfler	باد کردن
Hauteur	ارتفاع
Hélices	پروانه
Histoire	تاریخ
Hydrogène	هیدروژن
Moteur	موتور
Passager	مسافر
Pilote	خلبان
Turbulence	تلاطم

Ballet
باله

Artistique	هنری
Ballerine	رقاصه
Chorégraphie	رقص
Compétence	مهارت
Compositeur	آهنگساز
Danseurs	رقصنده
Expressif	رسا
Geste	ژست
Gracieux	برازنده
Intensité	شدت
Muscles	عضلات
Musique	موسیقی
Orchestre	ارکستر
Répétition	تمرین
Rythme	ریتم
Solo	انفرادی
Style	سبک
Technique	تکنیک

Barbecues
کباب کردن

Chaud	داغ
Couteaux	چاقو
Déjeuner	ناهار
Dîner	شام
Été	تابستان
Faim	گرسنگی
Famille	خانواده
Fourchettes	چنگال
Fruit	میوه
Gril	گریل
Invitation	دعوت
Légumes	سبزیجات
Musique	موسیقی
Oignons	پیاز
Poivre	فلفل
Poulet	مرغ
Salades	سالاد
Sauce	سس
Sel	نمک
Tomates	گوجه فرنگی

Bateaux
قایق

Ancre	لنگر
Bouée	شناور
Canoë	قایق رانی
Corde	طناب
Dock	اسکله
Équipage	خدمه
Ferry	فری
Fleuve	رودخانه
Kayak	کایاک
Lac	دریاچه
Marée	جزر و مد
Marin	ملوان
Mât	دکل
Mer	دریا
Moteur	موتور
Nautique	دریایی
Océan	اقیانوس
Radeau	قایق
Vagues	امواج
Yacht	قایق بادبانی

Bâtiments
ساختمانها

Ambassade	سفارت
Appartement	آپارتمان
Cabine	کابین
Château	قلعه
Cinéma	سینما
École	مدرسه
Garage	گاراژ
Grange	انبار
Hôpital	بیمارستان
Hôtel	هتل
Laboratoire	آزمایشگاه
Musée	موزه
Observatoire	رصدخانه
Stade	ورزشگاه
Supermarché	سوپرمارکت
Tente	چادر
Théâtre	نمایش
Tour	برج
Université	دانشگاه
Usine	کارخانه

Beauté
زیبایی

Boucles	فر
Charme	افسون
Ciseaux	قیچی
Cosmétique	لوازم آرایشی
Couleur	رنگ
Élégance	ظرافت
Élégant	زیبا
Grâce	گریس
Huiles	روغن
Lisse	صاف
Maquillage	آرایش
Miroir	آینه
Parfum	عطر
Peau	پوست
Photogénique	فتوژنیک
Produits	محصولات
Rouge à Lèvres	رژ لب
Services	خدمات
Shampooing	شامپو
Styliste	سبک

Boxe
مشت زنی

Adversaire	حریف
Arbitre	داور
Blessures	صدمات
Cloche	لب
Coin	گوشه
Combattant	جنگنده
Compétence	مهارت
Concentrer	تمرکز
Cordes	طناب
Corps	بدن
Coude	آرنج
Coup	لگد زدن
Épuisé	خسته
Force	استحکام
Gants	دستکش
Menton	چانه
Poing	مشت
Rapide	سریع
Récupération	بازیابی

Café
قهوه

Acide	اسیدی
Amer	تلخ
Arôme	عطر
Boisson	نوشیدنی
Caféine	کافئین
Crème	کرم
Eau	آب
Filtre	فیلتر
Lait	شیر
Liquide	مایع
Matin	صبح
Moudre	آسیاب کردن
Noir	سیاه
Prix	قیمت
Saveur	طعم
Sucre	قند
Tasse	جام
Variété	تنوع

Camping
چادر زدن

Animaux	حیوانات
Aventure	ماجراجویی
Boussole	قطب نما
Cabine	کابین
Canoë	قایق رانی
Carte	نقشه
Chapeau	کلاه
Chasse	شکار
Corde	طناب
Équipement	تجهیزات
Feu	آتش
Forêt	جنگل
Hamac	بانوج
Insecte	حشره
Lac	دریاچه
Lanterne	فانوس
Lune	ماه
Montagne	کوه
Nature	طبیعت
Tente	چادر

Chimie
شیمی

Acide	اسید
Alcalin	قلیایی
Atomique	اتمی
Carbone	کربن
Catalyseur	کاتالیزور
Chaleur	حرارت
Chlore	کلر
Enzyme	آنزیم
Électron	الکترون
Gaz	گاز
Hydrogène	هیدروژن
Ion	یون
Liquide	مایع
Métaux	فلزات
Molécule	مولکول
Nucléaire	هسته ای
Oxygène	اکسیژن
Poids	وزن
Sel	نمک
Température	درجه حرارت

Chocolat
شکلات

Amer	تلخ
Antioxydant	آنتی اکسیدان
Arôme	عطر
Artisanal	صنعتگری
Bonbon	آب نبات
Cacahuètes	بادام زمینی
Cacao	کاکائو
Calories	کالری
Caramel	کارامل
Délicieux	خوشمزه
Doux	شیرین
Exotique	عجیب و غریب
Favori	مورد علاقه
Goût	طعم
Ingrédient	جزء
Noix de Coco	نارگیل
Poudre	پودر
Qualité	کیفیت
Sucre	قند

Cirque
کریس

Acrobate	تاپورکآ
Animaux	تاناویح
Ballons	نلاب
Billet	طیلب
Clown	کلقد
Costume	سابل
Divertir	ندرک مرگرس
Éléphant	لیف
Jongleur	زاب هدبعش
Lion	ریش
Magicien	رگوداج
Magie	وداج
Montrer	شیامن
Musique	یقیسوم
Parade	هژر
Singe	نومیم
Spectaculaire	یندید
Spectateur	رگاشامت
Tente	رداچ
Tigre	ربب

Conduite
یگدننار

Accident	فداصت
Camion	نویماک
Carburant	تخوس
Carte	هشقن
Danger	رطخ
Freins	زمرت
Garage	ژاراگ
Gaz	زاگ
Licence	زوجم
Moteur	روتوم
Moto	تلکیسروتوم
Piéton	هدایپ رباع
Police	سیلپ
Route	هداج
Sécurité	ینمیا
Trafic	کیفارت
Transport	لقن و لمح
Tunnel	لنوت
Vitesse	تعرس
Voiture	نیشام

Corps Humain
ندب ناسنا

Bouche	ناهد
Cerveau	زغم
Cheville	اپ چم
Cou	ندرگ
Coude	جنرآ
Cœur	بلق
Doigt	تشگنا
Estomac	هدعم
Épaule	هناش
Genou	وناز
Lèvres	بل
Main	تسد
Mâchoire	کف
Menton	هناچ
Nez	ینیب
Oreille	شوگ
Peau	تسوپ
Sang	نوخ
Tête	رس
Visage	تروص

Couleurs
اهگنر

Azur	یدروجال
Beige	ژب
Blanc	دیفس
Bleu	یبآ
Cramoisi	یشکرز
Cyan	یزوریف یا
Gris	یرتسکاخ
Indigo	ینیل
Jaune	درز
Magenta	یناوغرا
Marron	ینوارب
Noir	هایس
Orange	ینرانج
Rose	یتروص
Rouge	زمرق
Sépia	هوهق یا
Vert	زبس
Violet	شفنب
Violet	شفنب

Danse
صقر

Académie	یمداکآ
Art	رنه
Chorégraphie	صقر
Classique	کیسالک
Corps	ندب
Culture	گنهرف
Culturel	یگنهرف
Expressif	اسر
Émotion	تاساسحا
Grâce	یسرگ
Joyeux	داش
Mouvement	شبنج
Musique	یقیسوم
Partenaire	کیرش
Posture	تیعضو
Répétition	نیرمت
Rythme	متیر
Saut	شرپ
Traditionnel	یتنس
Visuel	یرصب

Diplomatie
یسامولپید

Ambassade	ترافس
Ambassadeur	ریفس
Citoyens	نادنورهش
Communauté	نمجنا
Conflit	یریگرد
Conseiller	رواشم
Coopération	یراکمه
Diplomatique	کیتاملپید
Discussion	ثحب
Éthique	قالخا
Étranger	یجراخ
Gouvernement	تلود
Humanitaire	هناتسودرشب
Intégrité	یگچراپکی
Justice	تلادع
Politique	تسایس
Résolution	وضوح
Sécurité	تینما
Solution	لح هار
Traité	هدهاعم

Disciplines Scientifiques
رشته های علمی

Anatomie	آناتومی
Archéologie	باستان شناسی
Astronomie	موجن
Biochimie	بیوشیمی
Biologie	زیست شناسی
Botanique	گیاه شناسی
Chimie	شیمی
Écologie	بوم شناسی
Géologie	زمین شناسی
Immunologie	ایمونولوژی
Linguistique	زبانشناسی
Mécanique	مکانیک
Météorologie	هواشناسی
Minéralogie	کانی شناسی
Neurologie	اعصاب
Physiologie	فیزیولوژی
Psychologie	روانشناسی
Sociologie	جامعه شناسی
Thermodynamique	ترمودینامیک
Zoologie	جانورشناسی

Entreprise
کسب و کار

Argent	لوپ
Boutique	فروشگاه
Budget	بودجه
Bureau	دفتر
Carrière	حرفه
Coût	هزینه
Devise	واحد پول
Employeur	کارفرما
Employé	کارمند
Entreprise	شرکت
Économie	اقتصاد
Finance	مالی
Impôts	مالیات
Investissement	سرمایه گذاری
Marchandise	کالا
Profit	سود
Revenu	درآمد
Transaction	معامله
Usine	کارخانه
Vente	فروش

Écologie
بوم شناسی

Bénévoles	داوطلبان
Climat	اقلیم
Communautés	جوامع
Diversité	تنوع
Durable	پایدار
Faune	جانوران
Flore	فلور
Global	جهانی
Habitat	زیستگاه
Marais	مرداب
Marin	دریایی
Nature	طبیعت
Naturel	طبیعی
Plantes	گیاهان
Ressources	منابع
Sécheresse	خشکسالی
Survie	بقا
Végétation	زندگی گیاهی

Électricité
برق

Aimant	آهن ربا
Batterie	باتری
Câble	کابل
Électricien	برقکار
Électrique	برقی
Équipement	تجهیزات
Générateur	ژنراتور
Lampe	لامپ
Laser	لیزر
Négatif	منفی
Objets	اشیاء
Positif	مثبت
Prise	سوکت
Quantité	مقدار
Réseau	شبکه
Stockage	ذخیره سازی
Téléphone	تلفن
Télévision	تلویزیون

Énergie
انرژی

Batterie	باتری
Carbone	کربن
Carburant	سوخت
Chaleur	حرارت
Diesel	دیزل
Entropie	آنتروپی
Environnement	محیط
Essence	بنزین
Électrique	برقی
Électron	الکترون
Hydrogène	هیدروژن
Industrie	صنعت
Moteur	موتور
Nucléaire	هسته ای
Photon	فوتون
Pollution	آلودگی
Renouvelable	تجدید پذیر
Soleil	خورشید
Turbine	توربین
Vent	باد

Épices
ادویه جات

Aigre	ترش
Ail	سیر
Amer	تلخ
Cannelle	دارچین
Cardamome	هل
Coriandre	گشنیز
Cumin	زیره
Curry	کاری
Fenouil	رازیانه
Fenugrec	شنبلیله
Gingembre	زنجبیل
Muscade	جوز هندی
Oignon	پیاز
Paprika	فلفل قرمز
Poivre	فلفل
Réglisse	شیرین بیان
Safran	زعفران
Saveur	طعم
Sel	نمک
Vanille	وانیل

Éthique
اخلاق

Altruisme	نوع دوستی
Bienveillant	خیرخواه
Compassion	شفقت
Coopération	همکاری
Dignité	کرامت
Diplomatique	دیپلماتیک
Gentillesse	مهربانی
Honnêteté	صداقت
Humanité	بشریت
Individualisme	فردگرایی
Intégrité	یکپارچگی
Optimisme	خوش بینی
Patience	صبر
Philosophie	فلسفه
Raisonnable	معقول
Rationalité	عقلانیت
Respectueux	احترام
Réalisme	واقع گرایی
Sagesse	حکمت
Tolérance	تحمل

Famille
خانواده

Ancêtre	جد
Enfance	کودکی
Enfant	کودک
Femme	همسر
Fille	دختر
Frère	برادر
Grand-Mère	مادربزرگ
Grand-Père	پدربزرگ
Jumeaux	دوقلوها
Mari	شوهر
Mère	مادر
Nièce	خواهرزاده
Oncle	عمو
Paternel	پدری
Petit-Fils	نوه
Père	پدر
Soeur	خواهر
Tante	عمه

Ferme #1
مزرعه #1

Abeille	زنبور عسل
Agriculture	کشاورزی
Âne	خر
Champ	زمینه
Chat	گربه
Cheval	اسب
Chèvre	بز
Chien	سگ
Clôture	نرده
Cochon	خوک
Corbeau	کلاغ
Eau	آب
Engrais	کود
Foin	یونجه
Miel	عسل
Poulet	مرغ
Riz	برنج
Troupeau	گله
Vache	گاو
Veau	گوساله

Ferme #2
مزرعه #2

Agneau	بره
Agriculteur	کشاورز
Animaux	حیوانات
Berger	چوپان
Blé	گندم
Canard	اردک
Fruit	میوه
Grange	انبار
Irrigation	آبیاری
Lait	شیر
Lama	لاما
Légume	سبزی
Maïs	ذرت
Mouton	گوسفند
Mûr	رسیده
Nourriture	غذا
Orge	جو
Pré	چمنزار
Tracteur	تراکتور
Verger	باغ

Fleurs
گل

Bouquet	دسته گل
Gardénia	گاردنیا
Hibiscus	هیبیسکوس
Jasmin	یاس
Jonquille	نرگس
Lavande	اسطوخودوس
Lys	زنبق
Magnolia	ماگنولیا
Marguerite	دیزی
Orchidée	ارکیده
Pavot	خشخاش
Pétale	گلبرگ
Pissenlit	قاصدک
Plumeria	پلومریا
Rose	رز
Tournesol	گل خورشید
Trèfle	شبدر
Tulipe	لاله

Force et Gravité
نیرو و جاذبه

Axe	محور
Centre	مرکز
Découverte	کشف
Distance	فاصله
Dynamique	پویا
Expansion	گسترش
Friction	اصطکاک
Magnétisme	مغناطیس
Mécanique	مکانیک
Mouvement	حرکت
Orbite	مدار
Physique	فیزیک
Planètes	سیارات
Poids	وزن
Pression	فشار
Propriétés	خواص
Temps	زمان
Universel	جهانی
Vitesse	سرعت

Forêt Tropicale
جنگل بارانی

Amphibiens	دوزیستان
Botanique	گیاه شناسی
Climat	اقلیم
Communauté	انجمن
Diversité	تنوع
Indigène	بومی
Insectes	حشرات
Jungle	جنگل
Mammifères	پستانداران
Mousse	خزه
Nature	طبیعت
Nuage	ابرها
Oiseaux	پرندگان
Précieux	با ارزش
Préservation	حفظ
Refuge	پناه
Respect	احترام
Restauration	ترمیم
Survie	بقا

Formes
اشکال

Arc	کمان
Carré	مربع
Cercle	دایره
Coin	گوشه
Courbe	منحنی
Cône	مخروط
Côté	سمت
Cube	مکعب
Cylindre	سیلندر
Ellipse	بیضی
Hyperbole	هذلولی
Ligne	خط
Polygone	چند ضلعی
Prisme	منشور
Pyramide	هرم
Rectangle	مستطیل
Rond	گرد
Sphère	کره
Triangle	مثلث

Fruit
میوه

Abricot	زردآلو
Ananas	آناناس
Avocat	آووکادو
Baie	توت
Banane	موز
Cerise	گیلاس
Citron	لیمو
Figue	شکل
Framboise	تمشک
Goyave	گواوا
Kiwi	کیوی
Mangue	انبه
Melon	خربزه
Nectarine	شلیل
Orange	نارنجی
Papaye	پاپایا
Pêche	هلو
Poire	گلابی
Pomme	سیب
Raisin	انگور

Géographie
جغرافیا

Altitude	ارتفاع
Atlas	اطلس
Carte	نقشه
Continent	قاره
Fleuve	رودخانه
Hémisphère	نیمکره
Île	جزیره
Latitude	عرض جغرافیایی
Mer	دریا
Méridien	نصف النهار
Monde	جهان
Montagne	کوه
Nord	شمال
Océan	اقیانوس
Ouest	غرب
Pays	کشور
Région	منطقه
Sud	جنوب
Territoire	قلمرو
Ville	شهر

Géologie
زمین شناسی

Acide	اسید
Calcium	کلسیم
Caverne	غار
Continent	قاره
Corail	مرجان
Couche	لایه
Cristaux	کریستالها
Érosion	فرسایش
Fondu	ذوب
Fossile	فسیلی
Lave	گدازه
Minéraux	مواد معدنی
Pierre	سنگ
Plateau	فلات
Quartz	کوارتز
Sel	نمک
Stalactite	استالاکتیت
Stalagmites	استالاگمیت
Volcan	آتشفشان
Zone	منطقه

Géométrie
هندسه

Angle	زاویه
Calcul	محاسبه
Cercle	دایره
Courbe	منحنی
Diamètre	قطر
Dimension	بعد
Équation	معادله
Hauteur	ارتفاع
Logique	منطق
Masse	جرم
Médian	میانه
Nombre	شماره
Parallèle	موازی
Proportion	نسبت
Segment	بخش
Surface	سطح
Symétrie	تقارن
Théorie	نظریه
Triangle	مثلث
Vertical	عمودی

Gouvernement
دولت

Citoyenneté	تابعیت
Civil	مدنی
Constitution	قانون اساسی
Démocratie	دموکراسی
Discours	سخنرانی
Discussion	بحث
Droits	حقوق
Égalité	برابری
État	دولت
Indépendance	استقلال
Judiciaire	قضایی
Justice	عدالت
Liberté	آزادی
Loi	قانون
Monument	یادبود
Nation	ملت
National	ملی
Paisible	صلح
Politique	سیاست
Symbole	نماد

Herboristerie
گیاه شناسی

Ail	سیر
Aromatique	معطر
Basilic	ریحان
Bénéfique	مفید
Culinaire	آشپزی
Estragon	ترخون
Fenouil	رازیانه
Fleur	گل
Ingrédient	جزء
Jardin	باغ
Lavande	اسطوخودوس
Marjolaine	مرجان
Menthe	نعناع
Persil	جعفری
Qualité	کیفیت
Romarin	رزماری
Safran	زعفران
Saveur	طعم
Thym	آویشن
Vert	سبز

Ingénierie
مهندسی

Angle	زاویه
Axe	محور
Calcul	محاسبه
Construction	ساخت و ساز
Diagramme	نمودار
Diamètre	قطر
Diesel	دیزل
Distribution	توزیع
Énergie	انرژی
Force	استحکام
Leviers	اهرم
Liquide	مایع
Machine	ماشین
Mesure	اندازه گیری
Moteur	موتور
Mouvement	حرکت
Profondeur	عمق
Rotation	چرخش
Stabilité	ثبات
Structure	ساختار

Jardin
باغ

Arbre	درخت
Banc	نیمکت
Buisson	بوش
Clôture	نرده
Étang	برکه
Fleur	گل
Garage	گاراژ
Hamac	بانوج
Herbe	چمن
Jardin	باغ
Mauvaises Herbes	علف های هرز
Pelle	بیل
Porche	ایوان
Râteau	شن کش
Sol	خاک
Terrasse	تراس
Trampoline	ترامپولین
Tuyau	شلنگ
Vigne	تاک

Jardinage
باغبانی

Botanique	گیاه شناسی
Bouquet	دسته گل
Climat	اقلیم
Comestible	خوراکی
Compost	کمپوست
Eau	آب
Exotique	عجیب و غریب
Feuillage	شاخ و برگ
Feuille	برگ
Fleur	شکوفه
Floral	گل
Graines	دانه
Humidité	رطوبت
Récipient	ظرف
Saisonnier	فصلی
Saleté	خاک
Tuyau	شلنگ
Verger	باغ

Jazz
جاز

Accent	تاکید
Album	آلبوم
Artiste	هنرمند
Célèbre	مشهور
Chanson	ترانه
Compositeur	آهنگساز
Composition	ترکیب
Concert	کنسرت
Favoris	مورد دلخواه
Improvisation	بداهه
Musique	موسیقی
Nouveau	جدید
Orchestre	ارکستر
Rythme	ریتم
Solo	انفرادی
Style	سبک
Talent	استعداد
Tambours	درام
Technique	تکنیک
Vieux	قدیمی

Jours et Mois
اهام و اهزور

Août	توا
Avril	آلیروا
Calendrier	میوقت
Dimanche	یکشنبه
Février	فوریه
Janvier	ژانویه
Jeudi	پنج شنبه
Juillet	جوالی
Juin	خرداد
Lundi	دوشنبه
Mardi	سه شنبه
Mars	مارس
Mercredi	چهارشنبه
Mois	ماه
Novembre	نوامبر
Octobre	اکتبر
Samedi	شنبه
Semaine	هفته
Septembre	سپتامبر
Vendredi	جمعه

L'Entreprise
شرکت

Affaires	کسب و کار
Créatif	خالق
Décision	تصمیم
Emploi	اشتغال
Global	جهانی
Industrie	صنعت
Innovant	خالقانه
Investissement	سرمایه گذاری
Possibilité	امکان
Présentation	ارائه
Produit	محصول
Professionnel	حرفه ای
Progrès	پیشرفت
Qualité	کیفیت
Ressources	منابع
Revenu	درآمد
Réputation	شهرت
Risques	خطرات
Tendances	روند
Unités	واحدها

Les Abeilles
زنبورها

Ailes	بال
Bénéfique	مفید
Cire	موم
Diversité	تنوع
Essaim	ازدحام
Écosystème	زیست بوم
Fleur	شکوفه
Fruit	میوه
Fumée	دود
Habitat	زیستگاه
Insecte	حشره
Jardin	باغ
Miel	عسل
Nourriture	غذا
Plantes	گیاهان
Pollen	گرده
Pollinisateur	گرده افشان
Reine	ملکه
Ruche	کندو
Soleil	خورشید

Les Médias
رسانه ها

Commercial	تجاری
Communication	ارتباط
En Ligne	اینترنت
Édition	نسخه
Éducation	تحصیلات
Faits	حقایق
Images	تصاویر
Individuel	شخصی
Industrie	صنعت
Intellectuel	فکری
Local	محلی
Magazines	مجلات
Numérique	دیجیتال
Opinion	نظر
Photos	عکس
Public	عمومی
Radio	رادیو
Réseau	شبکه
Télévision	تلویزیون

Légumes
سبزیجات

Ail	سیر
Artichaut	کنگر فرنگی
Aubergine	بادمجان
Brocoli	کلم بروکلی
Carotte	هویج
Céleri	کرفس
Champignon	قارچ
Citrouille	کدو تنبل
Concombre	خیار
Échalote	موسیر
Épinard	اسفناج
Gingembre	زنجبیل
Navet	شلغم
Oignon	پیاز
Olive	زیتون
Persil	جعفری
Pois	نخود فرنگی
Radis	تربچه
Salade	سالاد
Tomate	گوجه فرنگی

Littérature
ادبیات

Analogie	قیاس
Analyse	تحلیل
Anecdote	حکایت
Auteur	نویسنده
Biographie	بیوگرافی
Comparaison	مقایسه
Conclusion	نتیجه
Description	شرح
Dialogue	گفتگو
Fiction	داستان
Métaphore	استعاره
Narrateur	راوی
Poème	شعر
Poétique	شاعرانه
Rime	قافیه
Roman	رمان
Rythme	ریتم
Style	سبک
Thème	تم
Tragédie	تراژدی

Livres
کتابها

Auteur	نویسنده
Aventure	ماجراجویی
Collection	مجموعه
Contexte	بافت
Dualité	دوگانگی
Écrit	نوشته شده
Épique	حماسه
Histoire	داستان
Historique	تاریخی
Humoristique	طنز
Inventif	مبتکر
Lecteur	خواننده
Littéraire	ادبی
Narrateur	راوی
Page	صفحه
Pertinent	مربوط
Poésie	شعر
Roman	رمان
Série	سری
Tragique	غم انگیز

Maison
خانه

Balai	جارو
Bibliothèque	کتابخانه
Chambre	اتاق
Cheminée	شومینه
Clés	کلیدها
Clôture	نرده
Cuisine	آشپزخانه
Douche	دوش
Fenêtre	پنجره
Garage	گاراژ
Jardin	باغ
Lampe	لامپ
Miroir	آینه
Mur	دیوار
Porte	درب
Rideaux	پرده
Sol	کف
Sous-Sol	زیرزمین
Tapis	فرش
Toit	سقف

Mammifères
پستانداران

Baleine	نهنگ
Chat	گربه
Cheval	اسب
Chien	سگ
Coyote	کایوت
Dauphin	دلفین
Éléphant	فیل
Girafe	زرافه
Gorille	گوریل
Kangourou	کانگورو
Lapin	خرگوش
Lion	شیر
Loup	گرگ
Mouton	گوسفند
Ours	خرس
Renard	فاکس
Singe	میمون
Taureau	گاو نر
Tigre	ببر
Zèbre	گورخر

Mathématiques
ریاضی

Angles	زاویه
Arithmétique	حساب
Carré	مربع
Circonférence	دور
Décimal	اعشاری
Diamètre	قطر
Exposant	نما
Équation	معادله
Fraction	کسر
Géométrie	هندسه
Parallèle	موازی
Perpendiculaire	عمود
Périmètre	محیط
Polygone	چند ضلعی
Rayon	شعاع
Rectangle	مستطیل
Somme	جمع
Sphère	کره
Symétrie	تقارن
Triangle	مثلث

Mesures
اندازه گیری

Centimètre	سانتیمتر
Degré	درجه
Décimal	اعشاری
Gramme	گرم
Hauteur	ارتفاع
Kilogramme	کیلوگرم
Kilomètre	کیلومتر
Largeur	عرض
Litre	لیتر
Longueur	طول
Masse	جرم
Mètre	متر
Minute	دقیقه
Octet	بایت
Once	اونس
Poids	وزن
Pouce	اینچ
Profondeur	عمق
Tonne	تن

Méditation
مدیتیشن

Acceptation	پذیرش
Attention	توجه
Calme	آرام
Clarté	وضوح
Compassion	شفقت
Émotions	احساسات
Éveillé	بیدار
Gentillesse	مهربانی
Gratitude	قدردانی
Habitudes	عادات
Mental	ذهنی
Mouvement	جنبش
Musique	موسیقی
Nature	طبیعت
Observation	مشاهده
Paix	صلح
Perspective	چشم انداز
Posture	وضعیت
Respiration	تنفس
Silence	سکوت

Météo
وضع هوا

Arc-En-Ciel	رنگین کمان
Atmosphère	اتمسفر
Brise	نسیم
Brouillard	مه
Calme	آرام
Ciel	آسمان
Climat	اقلیم
Glace	یخ
Humide	مرطوب
Inondation	سیل
Nuage	ابر
Polaire	قطبی
Sec	خشک
Sécheresse	خشکسالی
Température	درجه حرارت
Tempête	طوفان
Tonnerre	تندر
Tornade	گردباد
Tropical	گرمسیری
Vent	باد

Mode
مد

Boutique	بوتیک
Boutons	دکمه
Broderie	گلدوزی
Cher	گران
Confortable	راحت
Dentelle	توری
Élégant	زیبا
Minimaliste	مینیمالیست
Moderne	مدرن
Modeste	فروتن
Modèle	الگو
Original	اصلی
Pratique	عملی
Simple	ساده
Sophistiqué	پیچیده
Style	سبک
Tendance	روند
Texture	بافت
Tissu	پارچه
Vêtements	لباس

Musique
موسیقی

Album	آلبوم
Ballade	تصنیف
Chanter	خواندن
Chanteur	خواننده
Classique	کلاسیک
Enregistrement	ضبط
Harmonie	هارمونی
Harmonique	هارمونیک
Instrument	ابزار
Lyrique	ترانه
Mélodie	ملودی
Microphone	میکروفون
Musical	موزیکال
Musicien	نوازنده
Opéra	اپرا
Poétique	شاعرانه
Rythme	ریتم
Rythmique	ریتمیک
Tempo	تمپو
Vocal	آواز

Mythologie
اسطوره شناسی

Archétype	الگوی کهن
Catastrophe	فاجعه
Comportement	رفتار
Création	ایجاد
Créature	موجود
Croyances	باورها
Culture	فرهنگ
Éclair	رعد و برق
Force	استحکام
Guerrier	جنگجو
Héros	قهرمان
Immortalité	جاودانگی
Jalousie	حسادت
Labyrinthe	هزارتو
Légende	افسانه
Magique	جادویی
Monstre	هیولا
Mortel	فانی
Tonnerre	تندر
Vengeance	انتقام

Nature
طبیعت

Abeilles	زنبورها
Abri	پناه
Animaux	حیوانات
Arctique	قطب شمال
Beauté	زیبایی
Brouillard	مه
Désert	کویر
Dynamique	پویا
Érosion	فرسایش
Feuillage	برگ و شاخ
Fleuve	رودخانه
Forêt	جنگل
Glacier	یخچال
Nuage	ابرها
Paisible	صلح
Sanctuaire	پناهگاه
Sauvage	وحشی
Serein	آرام
Tropical	گرمسیری
Vital	حیاتی

Nombres
اعداد

Cinq	پنج
Deux	دو
Décimal	اعشاری
Dix	ده
Dix-Huit	هجده
Dix-Neuf	نوزده
Dix-Sept	هفده
Douze	دوازده
Huit	هشت
Neuf	نه
Quatorze	چهارده
Quatre	چهار
Quinze	پانزده
Seize	شانزده
Sept	هفت
Six	شش
Treize	سیزده
Trois	سه
Vingt	بیست
Zéro	صفر

Nourriture #1
غذا #1

Ail	سیر
Basilic	ریحان
Café	قهوه
Cannelle	دارچین
Carotte	هویج
Citron	لیمو
Épinard	اسفناج
Fraise	توت فرنگی
Jus	آب
Lait	شیر
Navet	شلغم
Oignon	پیاز
Orge	جو
Poire	گلابی
Salade	سالاد
Sel	نمک
Soupe	سوپ
Sucre	قند
Thon	ماهی تن
Viande	گوشت

Nourriture #2
غذا #2

Amande	بادام
Aubergine	بادمجان
Banane	موز
Blé	گندم
Brocoli	کلم بروکلی
Cerise	گیلاس
Céleri	کرفس
Champignon	قارچ
Chocolat	شکلات
Jambon	ژامبون
Kiwi	کیوی
Mangue	انبه
Oeuf	تخم مرغ
Pain	نان
Poisson	ماهی
Pomme	سیب
Poulet	مرغ
Raisin	انگور
Riz	برنج
Tomate	گوجه فرنگی

Nutrition
تغذیه

Amer	تلخ
Appétit	اشتها
Calories	کالری
Comestible	خوراکی
Diète	رژیم غذایی
Digestion	هضم
Épices	ادویه
Équilibré	متعادل
Fermentation	تخمیر
Glucides	کربوهیدرات
Liquides	مایعات
Poids	وزن
Protéines	پروتئین
Qualité	کیفیت
Sain	سالم
Santé	سلامت
Sauce	سس
Saveur	طعم
Toxine	سم
Vitamine	ویتامین

Océan
اقیانوس

Algue	جلبک دریایی
Anguille	مارماهی
Baleine	نهنگ
Bateau	قایق
Corail	مرجان
Crabe	خرچنگ
Crevette	میگو
Dauphin	دلفین
Éponge	اسفنج
Huître	صدف
Méduse	عروس دریایی
Poisson	ماهی
Poulpe	اختاپوس
Requin	کوسه
Récif	تپه دریایی
Sel	نمک
Tempête	طوفان
Thon	ماهی تن
Tortue	لاک پشت
Vagues	امواج

Oiseaux
پرندگان

Aigle	عقاب
Autruche	شترمرغ
Canard	اردک
Canari	قناری
Cigogne	لک لک
Corbeau	کلاغ
Coucou	فاخته
Cygne	قو
Flamant	فلامینگو
Héron	حواصیل
Manchot	پنگوئن
Moineau	گنجشک
Oeuf	تخم مرغ
Oie	غاز
Paon	طاووس
Perroquet	طوطی
Pélican	پلیکان
Pigeon	کبوتر
Poulet	مرغ
Toucan	توکان

Pays #1
کشورها #1

Afghanistan	افغانستان
Allemagne	آلمان
Argentine	آرژانتین
Brésil	برزیل
Canada	کانادا
Espagne	اسپانیا
Équateur	اکوادور
Finlande	فنلاند
Inde	هند
Israël	اسرائیل
Libye	لیبی
Mali	مالی
Maroc	مراکش
Nicaragua	نیکاراگوئه
Norvège	نروژ
Panama	پاناما
Philippines	فیلیپین
Pologne	لهستان
Roumanie	رومانی
Venezuela	ونزوئلا

Pays #2
کشورها #2

Albanie	آلبانی
Chine	چین
Danemark	دانمارک
France	فرانسه
Haïti	هائیتی
Indonésie	اندونزی
Irlande	ایرلند
Jamaïque	جامائیکا
Japon	ژاپن
Kenya	کنیا
Laos	لاوس
Liban	لبنان
Mexique	مکزیک
Ouganda	اوگاندا
Pakistan	پاکستان
Russie	روسیه
Somalie	سومالی
Soudan	سودان
Syrie	سوریه
Ukraine	اوکراین

Paysages
چشمانداز

Cascade	آبشار
Colline	تپه
Désert	کویر
Estuaire	خور
Fleuve	رودخانه
Glacier	یخچال
Grotte	غار
Iceberg	کوه یخ
Île	جزیره
Lac	دریاچه
Marais	باتلاق
Mer	دریا
Montagne	کوه
Oasis	واحه
Océan	اقیانوس
Péninsule	شبه جزیره
Plage	ساحل
Toundra	تندرا
Vallée	دره
Volcan	آتشفشان

Physique
فیزیک

Accélération	شتاب
Atome	اتم
Chaos	آشوب
Chimique	شیمیایی
Densité	تراکم
Électron	الکترون
Formule	فرمول
Fréquence	فرکانس
Gaz	گاز
Gravité	جاذبه
Magnétisme	مغناطیس
Masse	جرم
Mécanique	مکانیک
Molécule	مولکول
Moteur	موتور
Nucléaire	هسته ای
Particule	ذره
Relativité	نسبیت
Universel	جهانی
Vitesse	سرعت

Plage
ساحل

Bateau	قایق
Bleu	آبی
Coquilles	پوسته
Côte	ساحل
Crabe	خرچنگ
Dock	اسکله
Île	جزیره
Lagune	تالاب
Mer	دریا
Océan	اقیانوس
Parapluie	چتر
Récif	تپه دریایی
Sable	شن
Sandales	صندل
Serviette	حوله
Soleil	خورشید
Vacances	تعطیلات
Voilier	قایق بادبانی

Plantes
گیاهان

Arbre	درخت
Baie	توت
Bambou	بامبو
Botanique	گیاه شناسی
Buisson	بوش
Cactus	کاکتوس
Engrais	کود
Feuillage	شاخ و برگ
Fleur	گل
Flore	فلور
Forêt	جنگل
Grandir	رشد
Haricot	لوبیا
Herbe	چمن
Jardin	باغ
Lierre	پیچک
Mousse	خزه
Pétale	گلبرگ
Racine	ریشه
Végétation	زندگی گیاهی

Professions #1
حرفه #1

Ambassadeur	سفیر
Astronome	ستاره شناس
Avocat	وکیل
Banquier	بانکدار
Bijoutier	جواهر
Cartographe	نقشه نگار
Chasseur	شکارچی
Danseur	رقصنده
Entraîneur	مربی
Éditeur	ویرایشگر
Géologue	زمین شناس
Infirmière	پرستار
Médecin	دکتر
Musicien	نوازنده
Pianiste	پیانیست
Plombier	لوله کش
Pompier	آتش نشان
Psychologue	روانشناس
Scientifique	دانشمند
Vétérinaire	دامپزشک

Professions #2
حرفه #2

Astronaute	فضانورد
Bibliothécaire	کتابدار
Biologiste	زیست شناس
Chercheur	محقق
Chirurgien	جراح
Dentiste	دندانپزشک
Détective	کاراگاه
Enseignant	معلم
Illustrateur	تصویرگر
Ingénieur	مهندس
Inventeur	مخترع
Jardinier	باغبان
Journaliste	خبرنگار
Linguiste	زبانشناس
Médecin	پزشک
Peintre	نقاش
Philosophe	فیلسوف
Photographe	عکاس
Pilote	خلبان
Zoologiste	جانورشناس

Psychologie
روانشناسی

Clinique	بالینی
Cognition	شناخت
Comportement	رفتار
Conflit	درگیری
Ego	نفس
Enfance	کودکی
Expériences	تجربیات
Émotions	احساسات
Évaluation	ارزیابی
Inconscient	ناخودآگاه
Pensées	افکار
Perception	ادراک
Personnalité	شخصیت
Problème	مشکل
Rendez-Vous	قرار ملاقات
Réalité	واقعیت
Rêves	رویاها
Sensation	احساس
Thérapie	درمان

Remplir
برای پر کردن

Baignoire	وان
Baril	بشکه
Bassin	حوضه
Boîte	جعبه
Bouteille	بطری
Carton	کارتن
Dossier	پوشه
Enveloppe	پاکت
Navire	کشتی
Panier	سبد
Paquet	بسته
Plateau	سینی
Poche	جیب
Pot	شیشه
Sac	کیسه
Seau	سطل
Tiroir	کشو
Tube	لوله
Valise	چمدان
Vase	گلدان

Restaurant #2
رستوران #2

Boisson	نوشیدنی
Chaise	صندلی
Cuillère	قاشق
Déjeuner	ناهار
Délicieux	خوشمزه
Dîner	شام
Eau	آب
Épices	ادویه
Fourchette	چنگال
Fruit	میوه
Gâteau	کیک
Glace	یخ
Légumes	سبزیجات
Oeuf	تخم مرغ
Poisson	ماهی
Salade	سالاد
Sel	نمک
Serveur	گارسون
Soupe	سوپ

Santé et Bien-Être #1
بهداشت و سلامتی #1

Actif	فعال
Bactéries	باکتری
Clinique	درمانگاه
Faim	گرسنگی
Fracture	شکستگی
Habitude	عادت
Hauteur	ارتفاع
Hormone	هورمون
Médecin	دکتر
Médical	پزشکی
Muscles	عضلات
Os	استخوان
Peau	پوست
Pharmacie	داروخانه
Posture	وضعیت
Relaxation	آرامش
Réflexe	رفلکس
Suppléments	مکمل
Thérapie	درمان
Virus	ویروس

Santé et Bien-Être #2
بهداشت و سلامتی # 2

Allergie	آلرژی
Anatomie	آناتومی
Appétit	اشتها
Calorie	کالری
Corps	بدن
Déshydratation	کم آبی بدن
Énergie	انرژی
Génétique	ژنتیک
Hôpital	بیمارستان
Hygiène	بهداشت
Infection	عفونت
Maladie	بیماری
Massage	ماساژ
Nutrition	تغذیه
Poids	وزن
Récupération	بازیابی
Sain	سالم
Sang	خون
Stress	فشار
Vitamine	ویتامین

Science
علم

Atome	اتم
Chimique	شیمیایی
Climat	اقلیم
Données	داده
Expérience	آزمایش
Évolution	تکامل
Fait	حقیقت
Fossile	فسیل
Gravité	جاذبه
Hypothèse	فرضیه
Laboratoire	آزمایشگاه
Méthode	روش
Minéraux	مواد معدنی
Molécules	مولکول ها
Nature	طبیعت
Observation	مشاهده
Organisme	ارگانیسم
Particules	ذرات
Physique	فیزیک
Scientifique	دانشمند

Science-Fiction
داستان علمی تخیلی

Atomique	اتمی
Cinéma	سینما
Dystopie	دیستوپیا
Explosion	انفجار
Extrême	مفرط
Feu	آتش
Futuriste	آینده نگر
Galaxie	کهکشان
Illusion	توهم
Imaginaire	خیالی
Livres	کتابها
Monde	جهان
Mystérieux	مرموز
Oracle	اوراکل
Planète	سیاره
Romans	رمان
Scénario	سناریو
Technologie	تکنولوژی
Utopie	مدینه فاضله

Sport
ورزشی

Athlète	ورزشکار
Capacité	توانایی
Corps	بدن
Cyclisme	دوچرخه سواری
Danse	رقص
Diète	رژیم غذایی
Endurance	استقامت
Entraîneur	مربی
Étirement	کشش
Force	استحکام
Jogging	دویدن
Maximiser	حداکثر کردن
Métabolique	متابولیک
Muscles	عضلات
Nutrition	تغذیه
Objectif	هدف
Os	استخوان
Programme	برنامه
Santé	سلامت
Sports	ورزش

Temps
زمان

Année	سال
Annuel	سالانه
Aujourd'Hui	امروز
Avant	قبل از
Bientôt	به زودی
Calendrier	تقویم
Demain	فردا
Décennie	دهه
Futur	آینده
Heure	ساعت
Hier	دیروز
Jour	روز
Maintenant	اکنون
Matin	صبح
Midi	ظهر
Minute	دقیقه
Mois	ماه
Nuit	شب
Semaine	هفته
Siècle	قرن

Types de Cheveux
انواع مو

Argent	نقره
Blanc	سفید
Blond	بور
Boucles	فر
Brillant	براق
Chauve	طاس
Coloré	رنگی
Court	کوتاه
Doux	نرم
Épais	ضخیم
Frisé	فرفری
Gris	خاکستری
Long	بلند
Marron	براون
Mince	نازک
Noir	سیاه
Ondulé	موج
Sain	سالم
Sec	خشک
Tressé	بافته

Univers
گیتی

Astéroïde	سیارک
Astronome	ستاره شناس
Astronomie	نجوم
Atmosphère	اتمسفر
Ciel	آسمان
Cosmique	کیهانی
Équateur	استوا
Galaxie	کهکشان
Hémisphère	نیمکره
Horizon	افق
Latitude	عرض جغرافیایی
Longitude	طول
Lune	ماه
Obscurité	تاریکی
Orbite	مدار
Solaire	خورشیدی
Solstice	انقلاب
Télescope	تلسکوپ
Visible	قابل رویت
Zodiaque	زودیاک

Vacances #2
تالیطعت #2

Aéroport	هاگدورف
Camping	گنیپمک
Carte	هشقن
Destination	دصقم
Étranger	یجراخ
Hôtel	لته
Île	هریزج
Loisir	تغارف
Mer	ایرد
Passeport	همانرذگ
Plage	لحاس
Restaurant	ناروتسر
Réservations	ورزر
Taxi	یسکات
Tente	رداچ
Train	راطق
Transport	لقن و لمح
Vacances	تالیطعت
Visa	ازیو
Voyage	رفس

Véhicules
هیلقن لیاسو

Ambulance	سنالوبمآ
Avion	امیپاوه
Bus	سوبوتا
Camion	نویماک
Caravane	ناواراک
Ferry	یرف
Fusée	کشوم
Hélicoptère	رتپوکیله
Métro	ورتم
Moteur	روتوم
Navette	لتاش
Pneus	کیتسال
Radeau	قیاق
Scooter	رتوکسا
Sous-Marin	ییایردریز
Taxi	یسکات
Tracteur	روتکارت
Train	راطق
Vélo	هخرچود
Voiture	نیشام

Vêtements
سابل

Bracelet	دنبتسد
Ceinture	دنبرمک
Chapeau	هالک
Chaussettes	بروج
Chaussure	شفک
Chemise	نهاریپ
Chemisier	زولب
Collier	دنبندرگ
Foulard	یرسور
Gants	شکتسد
Jeans	نیج راولش
Jupe	نماد
Manteau	تک
Mode	دم
Pantalon	راولش
Pyjama	باوخ سابل
Robe	سابل
Sandales	لدنص
Tablier	نحص
Veste	تکاژ

Ville
رهش

Aéroport	هاگدورف
Banque	کناب
Bibliothèque	هناخباتک
Boulangerie	ییاونان
Cinéma	امنیس
Clinique	هاگنامرد
École	هسردم
Fleuriste	شورفلگ
Galerie	یرلاگ
Hôtel	لته
Librairie	یشورفباتک
Marché	رازاب
Musée	هزوم
Pharmacie	هناخوراد
Restaurant	ناروتسر
Stade	هاگشزرو
Supermarché	تکرامرپوس
Théâtre	شیامن
Université	هاگشناد
Zoo	شحو غاب

Félicitations

Vous avez réussi !

Nous espérons que vous avez apprécié ce livre autant que nous avons pris plaisir à le concevoir. Nous faisons de notre mieux pour créer des livres de la meilleure qualité possible.
Cette édition est conçue pour permettre un apprentissage intelligent et de qualité en se divertissant !

Vous avez aimé ce livre ?

Une Simple Demande

Nos livres existent grâce aux avis que vous publiez. Pourriez-vous nous aider en laissant un avis maintenant ?

Voici un lien rapide qui vous mènera à votre page d'évaluation de vos commandes :

BestBooksActivity.com/Avis50

CHALLENGE FINAL !

Défi n°1

Êtes-vous prêt pour votre jeu bonus ? Nous les utilisons tout le temps mais ils ne sont pas si faciles à trouver. Voici les **Synonymes** !

Notez 5 mots que vous avez trouvés dans les puzzles notés ci-dessous (n°21, n°36, n°76) et essayez de trouver 2 synonymes pour chaque mot.

*Notez 5 Mots du **Puzzle 21***

Mots	Synonyme 1	Synonyme 2

*Notez 5 Mots du **Puzzle 36***

Mots	Synonyme 1	Synonyme 2

*Notez 5 Mots du **Puzzle 76***

Mots	Synonyme 1	Synonyme 2

Défi n°2

Maintenant que vous vous êtes échauffé, notez 5 mots que vous avez découverts dans les Puzzles n° 9, n° 17, n° 25 et essayez de trouver 2 antonymes pour chaque mot. Combien pouvez-vous en trouver en 20 minutes ?

Notez 5 Mots du ***Puzzle 9***

Mots	Antonyme 1	Antonyme 2

Notez 5 Mots du ***Puzzle 17***

Mots	Antonyme 1	Antonyme 2

Notez 5 Mots du ***Puzzle 25***

Mots	Antonyme 1	Antonyme 2

Défi n°3

Formidable ! Ce défi final  n'est rien pour vous.

Prêt pour le dernier défi ? Choisissez 10 mots que vous avez découverts parmi les différents puzzles et notez-les ci-dessous.

1.	6.
2.	7.
3.	8.
4.	9.
5.	10.

Maintenant, composez un texte en pensant à une personne, un animal ou un lieu que vous aimez !

Astuce: Vous pouvez utiliser la dernière page de ce livre comme brouillon !

Votre Composition :

CARNET DE NOTES :

À TRÈS BIENTÔT !

Toute l'équipe

www.ingramcontent.com/pod-product-compliance
Lightning Source LLC
Chambersburg PA
CBHW082207120626
46553CB00010B/3048